本書の特色と使い方

JN094515

教科書の学習進度にあわせて，授業・宿題・予習・復習などに使えます

教科書のほぼすべての単元を掲載しています。今，学習している内容にあわせて授業用プリントとして
お使いいただけます。また，宿題や予習や復習用プリントとしてもお使いいただけます。

本書をコピー・印刷して教科書の内容をくりかえし練習できます

計算問題などは型分けした問題をしっかり学習したあと，いろいろな型を混合して出題しているので，
学校での学習をくりかえし練習できます。
学校の先生方はコピーや印刷をして使えます。

「ふりかえり・たしかめ」や「まとめのテスト」で学習の定着をみることができます

「練習のページ」が終わったあと，「ふりかえり・たしかめ」や「まとめのテスト」をやってみましょう。
「ふりかえり・たしかめ」で，できなかったところは，もう一度「練習のページ」を復習しましょう。
「まとめのテスト」で，力だめしをしましょう。

「解答例」を参考に指導することができます

本書 p 103 ～「解答例」を掲載しております。まず，指導される方が問題を解き，本書の解答例も参考に
解答を作成してください。
児童の多様な解き方や考え方に沿って答え合わせをお願いいたします。

4年 ② 目　次

8 計算のきまり
計算のじゅんじょ (1)

名前

1　まさきさんは，280円のミックスサンドと 140円のジュースを買って，500円玉を出しました。おつりは何円ですか。

①　ミックスサンドとジュースの代金は，あわせて何円ですか。

式

答え _____

②　おつりは何円になりますか。

式

答え _____

③　①と②を（　　）を使って1つの式に表しましょう。

式

2　ゆきさんは，150円のパンと110円の牛にゅうを買って，500円玉を出しました。おつりは何円になりますか。（　　）を使った1つの式に書いて求めましょう。

式

答え _____

8 計算のきまり
計算のじゅんじょ (2)

名前

●　計算をしましょう。

①　500 −（120 + 160）

②　1000 −（400 + 300）

③　1000 −（520 + 170）

④　120 ×（14 − 9）

⑤　20 ×（36 + 4）

⑥　（38 + 12）× 24

⑦　80 ÷（3 + 17）

8 計算のきまり
計算のじゅんじょ (3)

● 計算をしましょう。

① 500 − (270 − 70)

② (292 + 92) ÷ 32

③ (575 + 145) ÷ 45

トライ ④ 900 − (500 + 50) + 90

トライ ⑤ 400 − (90 + 60) + 70

トライ ⑥ 280 ÷ (22 + 18) + 20

トライ ⑦ 510 ÷ (11 + 19) + 20

---

8 計算のきまり
計算のじゅんじょ (4)

● 1つの式に表して，答えを求めましょう。

① 20円のあめを4こ買って，
100円玉を出しました。
おつりはいくらですか。

式

式の中のかけ算やわり算は
ひとまとまりの数とみて，
( ) を省いて書いても
いいよ。

答え _____

② 赤の色紙を30まい全部と，青の色紙を24まいの半分もらいました。
もらった色紙は，全部で何まいですか。

式

答え _____

③ 150円のお茶を1本と，1こ120円のパンを2こ買いました。
代金は何円になりますか。

式

答え _____

● 計算をしましょう。

① $6 + 4 \times 5$

② $100 - 50 \div 5$

③ $50 - 6 \times 7$

④ $15 + 35 \div 5$

⑤ $30 + 22 \div 2$

⑥ $45 - 12 \times 3$

⑦ $28 + 4 \times 15$

⑧ $100 - 80 \div 5$

⑨ $64 - 14 \times 3$

⑩ $175 - 100 \div 5$

● 計算をしましょう。

① $80 + 15 \times 8$

② $460 + 28 \times 5$

③ $720 - 360 \div 18$

④ $180 - 120 \div 15$

トライ ⑤ $14 + 16 \div 2 - 10$

トライ ⑥ $9 + 15 \div 3 - 4$

トライ ⑦ $32 + 18 \div 3 + 12$

トライ ⑧ $15 + 8 \times 3 \div 6$

⑨ $16 + 7 \times 6 \div 3$

⑩ $25 + 20 \div 5 \times 7$

8 計算のきまり
計算のじゅんじょ（7）

名
前

● 計算のじゅんじょのきまりをまもって計算しましょう。
　　□にあてはまる数を書きましょう。

① $8 \times 6 - 4 \div 2 = \boxed{} - \boxed{}$

$= \boxed{}$

② $8 \times (6 - 4 \div 2) = 8 \times (6 - \boxed{})$

$= 8 \times \boxed{}$

$= \boxed{}$

③ $(8 \times 6 - 4) \div 2 = (\boxed{} - 4) \div 2$

$= \boxed{} \div 2$

$= \boxed{}$

④ $8 \times (6 - 4) \div 2 = 8 \times \boxed{} \div 2$

$= \boxed{} \div 2$

$= \boxed{}$

8 計算のきまり
計算のじゅんじょ（8）

名
前

● 正しいじゅんじょで計算をしましょう。

① $3 \times 8 - 4 \div 2$

② $3 \times (8 - 4 \div 2)$

③ $(3 \times 8 - 4) \div 2$

④ $3 \times (8 - 4) \div 2$

⑤ $9 \times 8 - 6 \div 2$

⑥ $9 \times (8 - 6 \div 2)$

⑦ $(9 \times 8 - 6) \div 2$

⑧ $9 \times (8 - 6) \div 2$

① 正しいじゅんじょで計算しましょう。

① $10 \div 2 + 4 \times 3$

② $10 \times 2 \div 4 - 3$

③ $(10 - 2) \div 4 + 3$

④ $(10 + 2) \div 4 - 3$

⑤ $10 \times 2 - 4 \times 3$

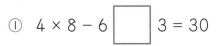
② □の中に，＋，－，×，÷のどれかを入れて，式を完成させましょう。

① $4 \times 8 - 6 \boxed{} 3 = 30$

② $4 + 8 \boxed{} 6 \div 3 = 20$

● 右の図で，●は何こありますか。
1つの式に表して求める
方法を考えました。

式の考え方に合う図を下から選んで，□に記号を書きましょう。

① $3 \times 3 + 3 \times 2$

② $5 \times 6 \div 2$

③ 5×3

④ $4 \times 3 + 3$

⑦

④

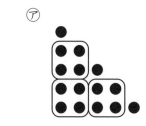

⑨

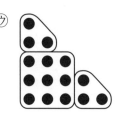

● 右の図で，●は何こありますか。
　１つの式に表して求める
方法を考えました。

式の考え方に合う図を下から選んで，□に記号を書きましょう。

① $5 × 4 - 3 × 2$

② $3 × 3 + 2 × 2 + 1$

③ $5 × 2 + 4$

④ $4 + 3 × 2 + 2 × 2$

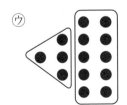

① 右の図で，○と●は，全部で何こ
ありますか。
　１つの式に表して求めます。
　□にあてはまる数を書きましょう。

① □ × 3 + □ × 3

② (□ + □) × 3

② 分配のきまりを使って計算します。□にあてはまる
数を書きましょう。

① $104 × 25 = (100 + □) × 25$

　　　　　$= 100 × □ + □ × 25$

　　　　　$= □$

② $97 × 8 = (100 - □) × 8$

　　　　　$= 100 × □ - □ × 8$

　　　　　$= □$

月　日

8 計算のきまり
計算のきまりとくふう (2)

名前

● 計算のきまりを使って，答えを求めましょう。

① 48 + 77 + 23

② 53 + 5.5 + 4.5

③ 8.2 + 39 + 1.8

④ 4 × 77 × 25

⑤ 25 × 36 × 4

⑥ 5 × 74 × 20

⑦ 8 × 63 × 125

月　日

8 計算のきまり
計算のきまりとくふう (3)

名前

1 計算のきまりを使って，答えを求めましょう。

① 88 + 66 + 34

② 59 + 9.1 + 0.9

③ 25 × 37 × 4

④ 5 × 43 × 20

⑤ 125 × 61 × 8

トライ
2 □にあてはまる数を書きましょう。

① 43 + 2.2 + □ = 53

② 25 × 46 × □ = 4600

8 計算のきまり
計算のきまりとくふう (4)

名前

① かけ算のせいしつを使って，積を求めます。□にあてはまる
数を書きましょう。

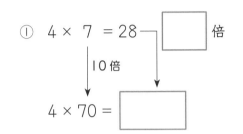

① 4 × 7 = 28 ──── □ 倍

10倍

4 × 70 = □

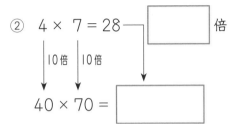

② 4 × 7 = 28 ──── □ 倍

10倍　10倍

40 × 70 = □

② 8 × 4 = 32 をもとにして，次のかけ算の積を求めましょう。

① 16 × 4

② 80 × 4

③ 8 × 400

④ 80 × 40

③ 26 × 17 = 442 をもとにして，次のかけ算の積を求めましょう。

① 260 × 17

② 26 × 170

③ 260 × 170

④ 52 × 17

8 チャレンジ
計算のきまり

名前

● □の中に，＋，－，×，÷のどれかを入れて，式を完成させ
ましょう。（　　）が必要な場合はつけましょう。

① 5 □ 5 □ 5 □ 5 = 0

（例）5 ÷ 5 － 5 ÷ 5 = 0
いろいろな方法が
あるよ。

② 5 □ 5 □ 5 □ 5 = 1

③ 5 □ 5 □ 5 □ 5 = 2

④ 5 □ 5 □ 5 □ 5 = 3

⑤ 5 □ 5 □ 5 □ 5 = 4

⑥ 5 □ 5 □ 5 □ 5 = 5

⑦ 5 □ 5 □ 5 □ 5 = 6

答えが 7，8，9 でも
やってみよう。

8 ふりかえり・たしかめ (1)
計算のきまり

名前

① 計算のじゅんじょをまちがえて計算しているのがあります。
まちがっている記号を□に書き，正しく計算した答えを
書きましょう。

⑦　$6 \times 8 - 4 \div 2 = 22$

①　$6 \times (8 - 4) \div 2 = 12$

⑦　$6 + 8 - 4 \div 2 = 5$

⑦　$6 + 8 + 4 \div 2 = 16$

□ 正しい答え _____

□ 正しい答え _____

② □にあてはまる数を書きましょう。

①　$(20 + 8) \times 25 = 20 \times 25 + 8 \times$ □

②　$39 \times 4 \times 25 = 39 \times$ □

③　$102 \times 15 = ($ □ $+ 2) \times 15$

　　　　$=$ □ $\times$ □ $+ 2 \times 15$

---

8 ふりかえり・たしかめ (2)
計算のきまり

名前

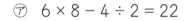

● １つの式に表して，答えを求めましょう。

①　260円のハンバーガーを5こを，
10円のはこに入れて買いました。代金はいくらですか。

式

答え _____

②　260円のハンバーガーを3ことと，140円のジュースを
2本買います。代金はいくらですか。

式

答え _____

③　260円のハンバーガーと，140円のジュースをセットにして
買います。3セット買うと，代金はいくらですか。

式

答え _____

8 まとめのテスト
計算のきまり

【知識・技能】

① 計算をしましょう。(5×4)

① 100 − (65 + 12)

② 40 + 7 × 8

③ 65 + 10 ÷ 2

④ 120 ÷ (42 − 12)

② 計算をしましょう。(5×4)

① (36 ÷ 6 + 3) × 2

② 36 ÷ 6 + 3 × 2

③ 36 ÷ (6 + 3) × 2

④ 36 ÷ (6 + 3 × 2)

③ □にあてはまる数を書きましょう。(5×2)

① 102 × 9 = 100 × 9 + □ × □

② 25 × 17 × 4 = 17 × □

13

【思考・判断・表現】

④ 150円のゼリーと、180円のプリンを買って、500円玉を出しました。おつりはいくらですか。( )を使った1つの式に書いて求めましょう。(5×2)

式

答え _____

⑤ 1本50円のきゅうりを3本と、1こ100円のトマトを2こ買いました。代金はいくらですか。1つの式に書いて求めましょう。(5×2)

式

答え _____

⑥ 右の図の○と●は、全部で何こありますか。1つの式に表して求めます。□にあてはまる数を書きましょう。(10×3)

① ○と●それぞれのこ数を求めて、それをあわせる。

□ × □ + □ × □

② たてにならぶ○と●のこ数をあわせてから求める。

(□ + □) × □

③ ○と●は、全部で何こありますか。

(　　)

① 2本の直線が垂直なものを見つけ，（　）に○をつけましょう。

① （　）　　② （　）　　③ （　）

④ （　）　　⑤ （　）

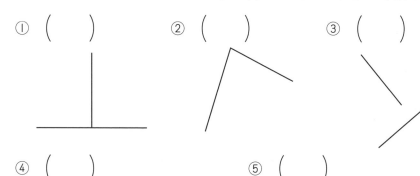

② 下の図で，⑦の直線に垂直な直線はどれですか。
（　）に記号を書きましょう。

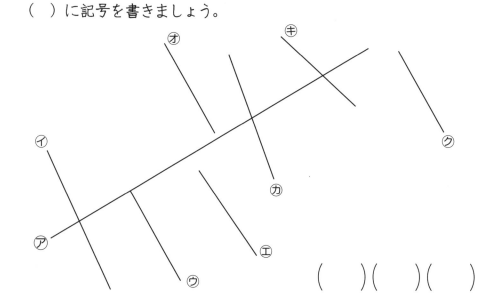

（　　）（　　）（　　）

● 2まいの三角じょうぎを使って，点 A を通り，⑦の直線に
垂直な直線をひきましょう。

① 　　　　　　　　　　　②

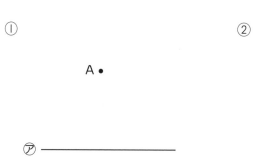
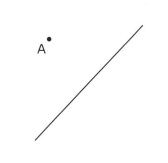

③ 　　　　　　　　　　　④

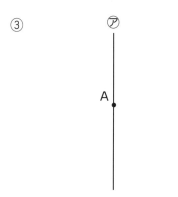
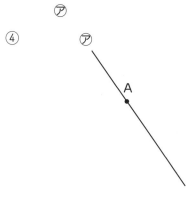

⑤ 　　　　　　　　　　　⑥

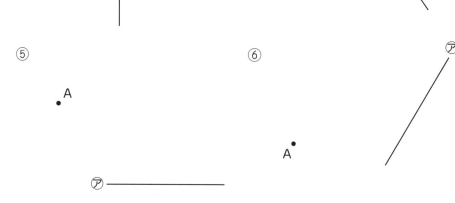

① 右の図を見て，（　　）の中に，垂直か平行のどちらかあてはまることばを書きましょう。

直線⑦に，直線あとⒾが（　　　　）に交わっているとき，直線あとⒾは，（　　　　　）であるといいます。

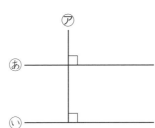

② ２本の直線が平行になっているのはどれですか。
（　）に○をつけましょう。

① （　　）　　② （　　）　　③ （　　）

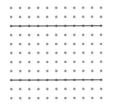 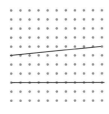 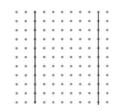

④ （　　）　　⑤ （　　）　　⑥ （　　）

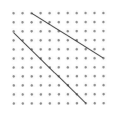 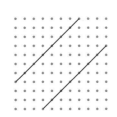 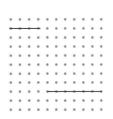

● 下の図で，平行な直線は，どれとどれですか。

①

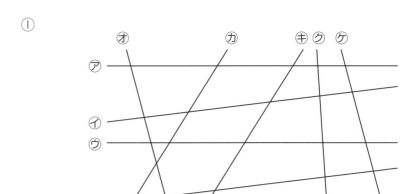

（　）と（　）（　）と（　）（　）と（　）（　）と（　）

②

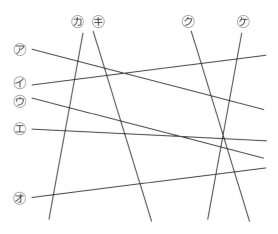

（　）と（　）（　）と（　）（　）と（　）（　）と（　）

15

① 下の図の直線あとⓘは平行です。直線ⓌⒺと，直線ⓄⒻの長さを書きましょう。

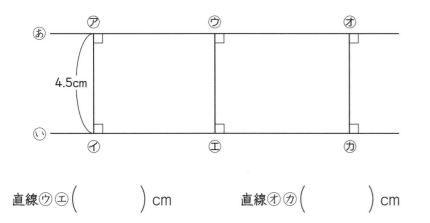

直線ⓌⒺ（　　　　　）cm　　　直線ⓄⒻ（　　　　　）cm

② 下の図の直線か，き，くは平行です。ⒻとⒼの角度は，それぞれ何度ですか。

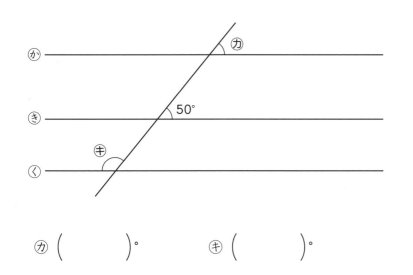

⑦ （　　　　）°　　　⑦ （　　　　）°

① ㋐と㋑の直線，㋒と㋓の直線は，それぞれ平行です。あ～おの角度は，それぞれ何度ですか。

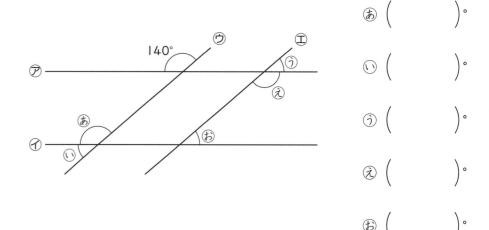

あ （　　　　　）°

ⓘ （　　　　　）°

う （　　　　　）°

え （　　　　　）°

お （　　　　　）°

トライ

② ㋕と㋖と㋗の直線，㋘と㋙の直線は，それぞれ平行です。か～この角度は，それぞれ何度ですか。

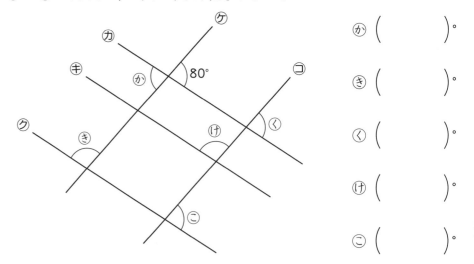

か （　　　　　）°

き （　　　　　）°

く （　　　　　）°

け （　　　　　）°

こ （　　　　　）°

❾ 垂直，平行と四角形
直線のならび方（5）

● 2まいの三角じょうぎを使って，点Aを通り，㋐の直線に平行な直線をひきましょう。

①

②

③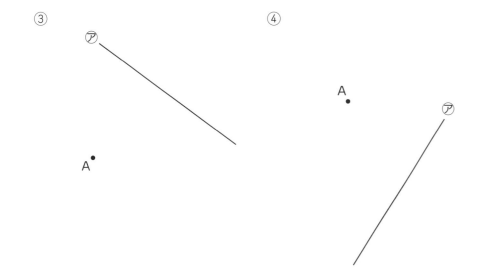

④

❾ 垂直，平行と四角形
直線のならび方（6）

● 2まいの三角じょうぎを使って，点Aを通り，㋐の直線に平行な直線をひきましょう。

①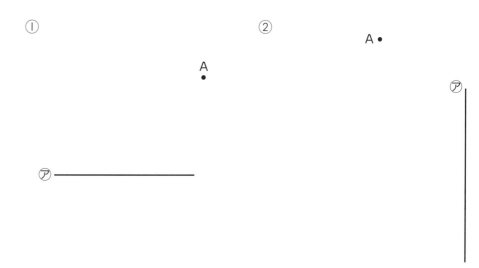

②

③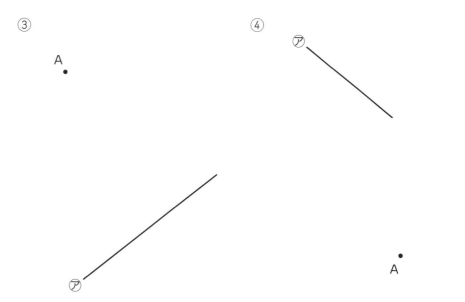

④

9 **垂直，平行と四角形**
直線のならび方（7）

名前

● 下の図の続きをかいて，正方形を完成させましょう

①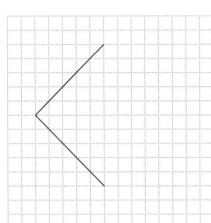

②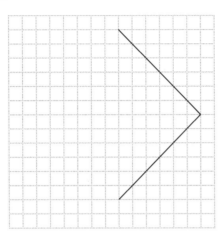

③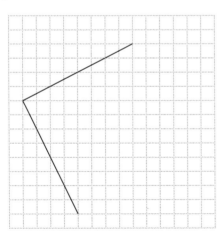

④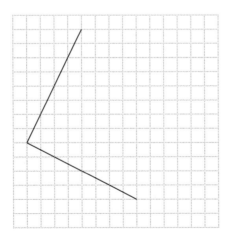

9 **垂直，平行と四角形**
直線のならび方（8）

名前

● 下の図で，垂直な直線は，どれとどれですか。また，平行な直線は，どれとどれですか。（　　）に記号を書きましょう。

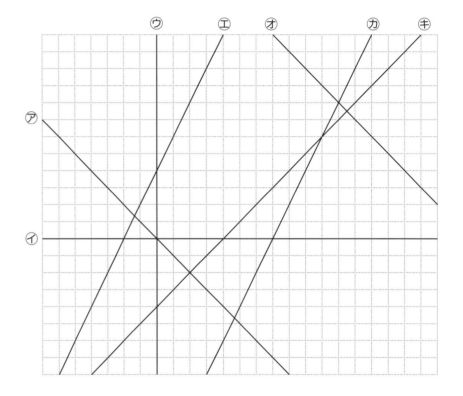

垂直　　　　　　　　　　　　平行

（　　）と（　　）　　　　（　　）と（　　）

（　　）と（　　）　　　　（　　）と（　　）

（　　）と（　　）

① 台形と平行四辺形の説明として，正しいほうのことばを○で
かこみましょう。

① 台形は，向かい合った $\left\{\begin{array}{l}1組\\2組\end{array}\right\}$ の辺が $\left\{\begin{array}{l}垂直\\平行\end{array}\right\}$ な四角形です。

② 平行四辺形は，向かい合った $\left\{\begin{array}{l}1組\\2組\end{array}\right\}$ の辺が $\left\{\begin{array}{l}垂直\\平行\end{array}\right\}$ な
四角形です。

② 台形と平行四辺形は，それぞれどれですか。（　　）に記号を
書きましょう。

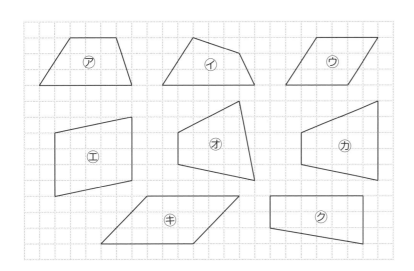

台形

（　　）（　　）（　　）

平行四辺形

（　　）（　　）（　　）

① 下の平行な直線を使って，台形を3つかきましょう。

_____

_____

② 次の図は，それぞれ平行四辺形の2つの辺です。
続きをかいて，平行四辺形を完成させましょう。

①

②　　　　　　　　　　③

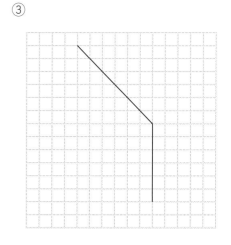

① 平行四辺形の説明として，正しいほうのことばを○でかこみましょう。

① 向かい合った｛1組／2組｝の辺が｛垂直／平行｝な四角形です。

② ｛となり合った／向かい合った｝辺の長さは等しい。

③ ｛となり合った／向かい合った｝角の大きさは等しい。

④ となり合った2つの角度をたすと｛180°／360°｝です。

② 下の平行四辺形の，角の大きさや辺の長さを求めましょう。

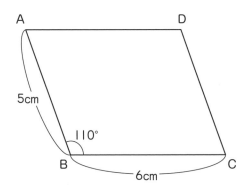

① 角A（　　　　）°

② 角C（　　　　）°

③ 角D（　　　　）°

④ 辺CD（　　　　）cm

⑤ 辺AD（　　　　）cm

● 下の図のような平行四辺形をかきましょう。

①

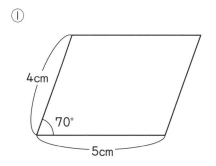

②

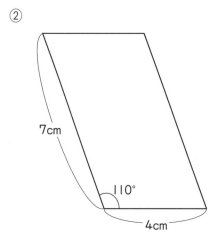

③

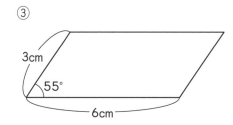

20

9 垂直，平行と四角形
いろいろな四角形 (5)

● となり合う辺の長さが，4cm，5cmの平行四辺形をかきましょう。

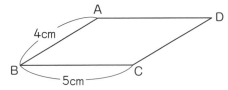

① 角Bの大きさを40°に
してかきましょう。

② 角Bの大きさを140°に
してかきましょう。

③ 角Bの大きさを90°にしてかきましょう。
また，何という四角形になりますか。

四角形の名前

（　　　　　　　　　）

---

9 垂直，平行と四角形
いろいろな四角形 (6)

● 下の図のような平行四辺形をかきましょう。

①

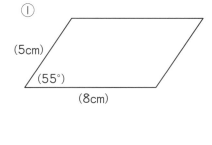

（5cm）
（55°）
（8cm）

②

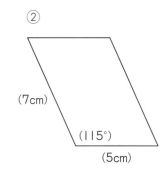

（7cm）
（115°）
（5cm）

① ひし形の説明として，正しいほうのことばを○でかこみましょう。

① ひし形は，4 つの $\left\{\begin{array}{l}\text{角の大きさ}\\\text{辺の長さ}\end{array}\right\}$ が等しい。

② ひし形の，向かい合った辺は $\left\{\begin{array}{l}\text{垂直}\\\text{平行}\end{array}\right\}$ です。

③ ひし形の，$\left\{\begin{array}{l}\text{となり合った}\\\text{向かい合った}\end{array}\right\}$ 角の大きさは等しい。

② 下のひし形の，角の大きさや辺の長さを書きましょう。

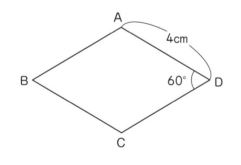

① 角 A （　　　　）°

② 角 B （　　　　）°

③ 辺 AB （　　　　）cm

④ 辺 CD （　　　　）cm

① 下のひし形の，角の大きさや辺の長さを書きましょう。

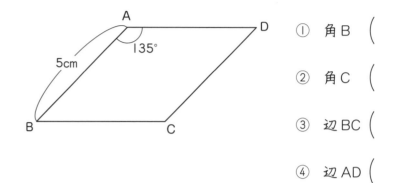

① 角 B （　　　　）°

② 角 C （　　　　）°

③ 辺 BC （　　　　）cm

④ 辺 AD （　　　　）cm

② 台形，平行四辺形，ひし形は，それぞれどれですか。
（　　　）に記号を書きましょう。

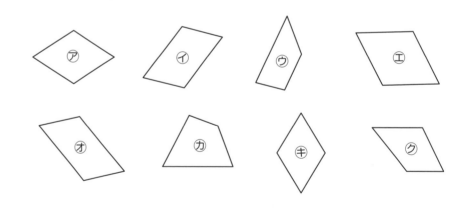

台形　　　　　　平行四辺形　　　　ひし形

（　　）（　　）　（　　）（　　）　（　　）（　　）

● コンパスも使って，次のひし形を図の右にかきましょう。

① １辺の長さが４cmで，１つの角が５５°のひし形

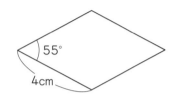

② １辺の長さが４cmで，１つの角が４０°のひし形

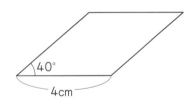

③ １辺の長さが３cmで，
１つの角が９０°のひし形

また，これは何という
四角形になりますか。

四角形の名前

(　　　　　　　　　)

● コンパスも使って，次のひし形をかきましょう。

① 下の図のようなひし形をかきましょう。

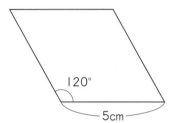

トライ ② 必要なところの辺の長さや，角の大きさをはかってかきましょう。

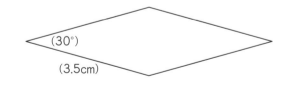

● 次の四角形に対角線をひいて，下の問いに答えましょう。

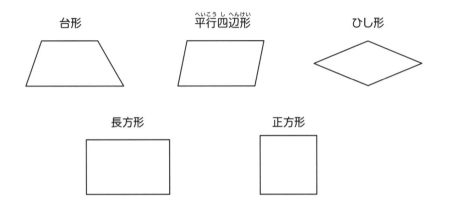

台形　　　平行四辺形　　　ひし形

長方形　　　正方形

① 2本の対角線の長さが等しい四角形はどれですか。

（　　　　　　）（　　　　　　）

② 2本の対角線がそれぞれの真ん中の点で交わる四角形はどれですか。

（　　　　　　）（　　　　　　）

（　　　　　　）（　　　　　　）

③ 2本の対角線が垂直に交わる四角形はどれですか。

（　　　　　　）（　　　　　　）

● 四角形の対角線について，表にまとめます。㋐〜㋓の特ちょうがいつでもあてはまるものに，○を書きましょう。

四角形の名前／四角形の対角線の特ちょう	台形	平行四辺形	ひし形	長方形	正方形
㋐ 2本の対角線の長さが等しい					
㋑ 2本の対角線がそれぞれの真ん中の点で交わる					
㋒ 対角線が交わった点から4つの頂点までの長さが等しい					
㋓ 2本の対角線が垂直に交わる					

9 垂直，平行と四角形
対角線と四角形の特ちょう（3）

名前

● 対角線が下の図のようになる四角形の名前を書きましょう。

①
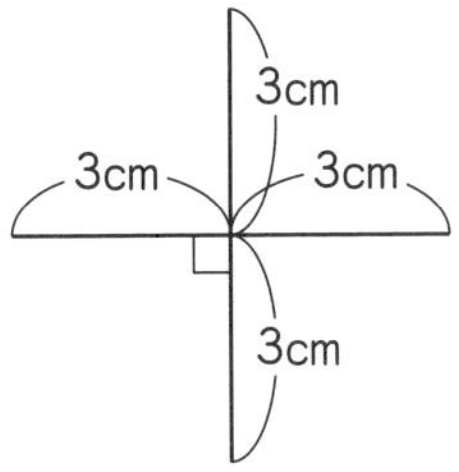
3cm
3cm
3cm
3cm

（　　　　　　　　　　）

②
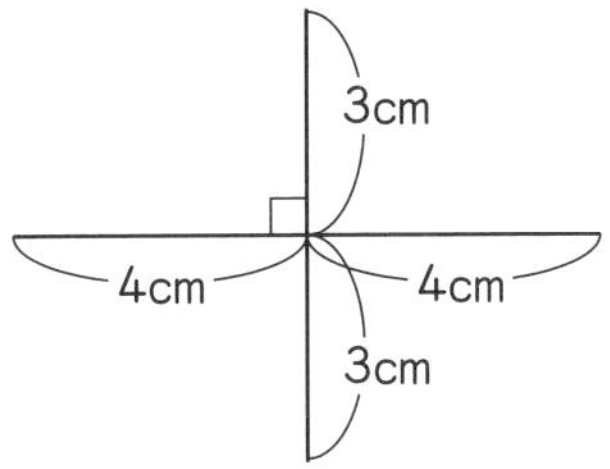
3cm
4cm
4cm
3cm

（　　　　　　　　　　）

③
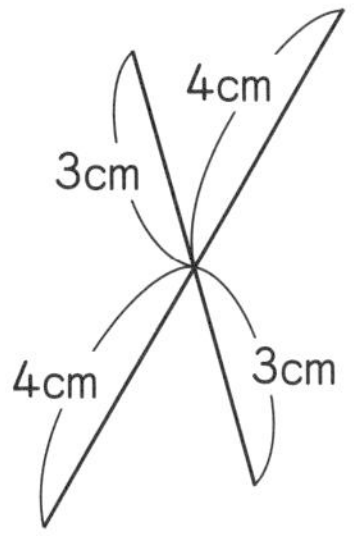
4cm
3cm
4cm
3cm

（　　　　　　　　　　）

④
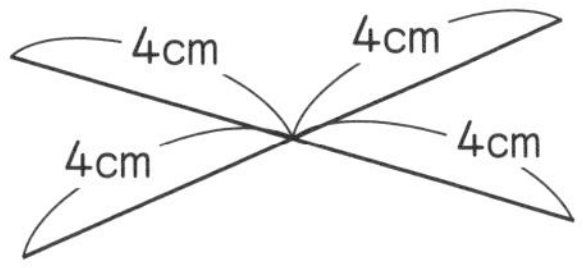
4cm
4cm
4cm
4cm

（　　　　　　　　　　）

⑤
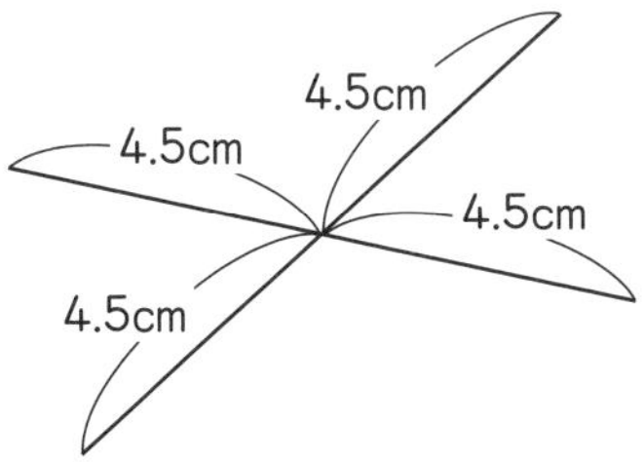
4.5cm
4.5cm
4.5cm
4.5cm

（　　　　　　　　　　）

⑥
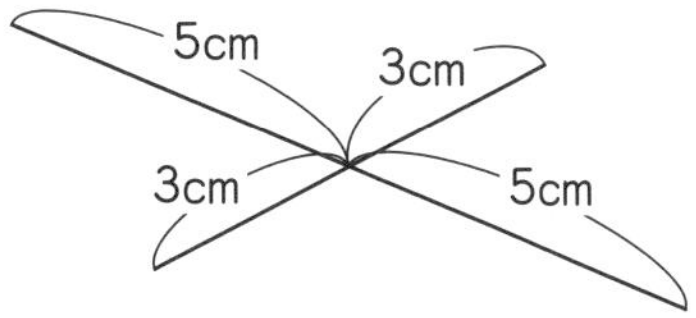
5cm
3cm
3cm
5cm

（　　　　　　　　　　）

9 垂直，平行と四角形
対角線と四角形の特ちょう（4）

名前

● 四角形の特（とく）ちょうで，いつでもあてはまるものに，○を書きましょう。

四角形の名前 ／ 四角形の特ちょう	台形	平行（へいこう）四辺形（しへんけい）	ひし形	長方形	正方形	等脚（とうきゃく）台形（だいけい）	たこ形
向かい合った１組の辺だけが平行							
向かい合った２組の辺が平行							
向かい合った辺の長さが等しい							
４本の辺の長さが等しい							
向かい合った角の大きさが等しい							
４つの角がすべて直角							
２本の対角線が垂直に交わる							
２本の対角線の長さが等しい							
２本の対角線がそれぞれの真ん中の点で交わる							

9 ふりかえり・たしかめ (1)
垂直，平行と四角形
名前

① 2まいの三角じょうぎを使って，点Aを通り，㋐の直線に垂直な直線と，平行な直線をひきましょう。

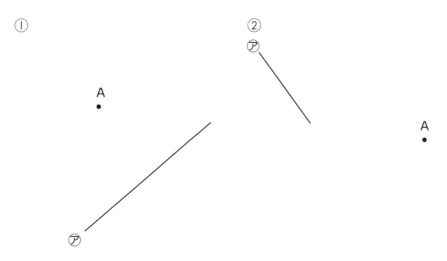

② 下の図で，平行な直線は，どれとどれですか。

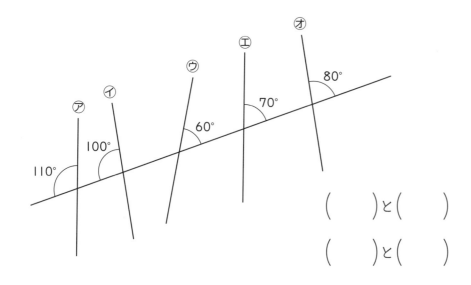

（　）と（　）

（　）と（　）

9 ふりかえり・たしかめ (2)
垂直，平行と四角形
名前

① 下の図で，垂直な直線と平行な直線は，それぞれどれとどれですか。

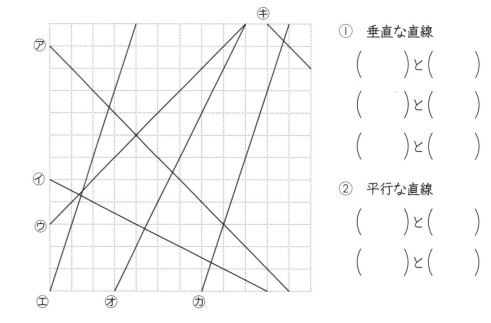

① 垂直な直線

（　）と（　）

（　）と（　）

（　）と（　）

② 平行な直線

（　）と（　）

（　）と（　）

② 3つの点A，B，Cを頂点とする平行四辺形を3つかきましょう。

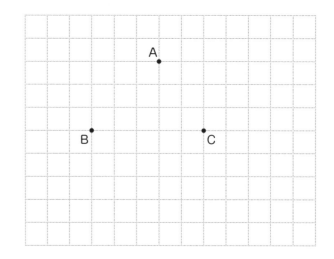

● 下の図のような四角形をかきましょう。

① 平行四辺形

4cm　50°　5cm

② ひし形

1.5cm　4cm

③ ひし形

3cm　110°

● ①〜⑥の特ちょうがいつでもあてはまる四角形を，下から選んで書きましょう。

台形　平行四辺形　ひし形　長方形　正方形

① 向かい合った１組の辺だけが平行な四角形

(　　　　　　　)

② 向かい合った２組の辺が平行だが，となり合った辺の長さが等しくない四角形

(　　　　　)(　　　　　)

③ ４つの辺の長さが等しい四角形

(　　　　　)(　　　　　)

④ ２本の対角線の長さが等しい四角形

(　　　　　)(　　　　　)

⑤ ２本の対角線が垂直に交わる四角形

(　　　　　)(　　　　　)

⑥ ２本の対角線が，それぞれの真ん中の点で交わる四角形

(　　　　　)(　　　　　)

(　　　　　)(　　　　　)

月　日

名前

9 まとめのテスト
垂直、平行と四角形

[知識・技能]

① 次の特ちょうがいつでもあてはまる四角形を下から選んで、記号を書きましょう。(5×6)

① 向かい合った1組の辺だけが平行な四角形 （　　）
② 向かい合った2組の辺が平行な四角形 （　　）
③ 4つの辺の長さが等しい四角形 （　　）
④ 2本の対角線の長さが等しい四角形 （　　）
⑤ 2本の対角線が垂直に交わる四角形 （　　）
⑥ 2本の対角線が、それぞれの真ん中の点で交わる四角形 （　　）

⑦ 台形　④ 平行四辺形　⑦ ひし形
④ 長方形　④ 正方形

② 2まいの三角じょうぎを使って、点Aを通り、⑦の直線に垂直な直線と、平行な直線をひきましょう。(5×2)

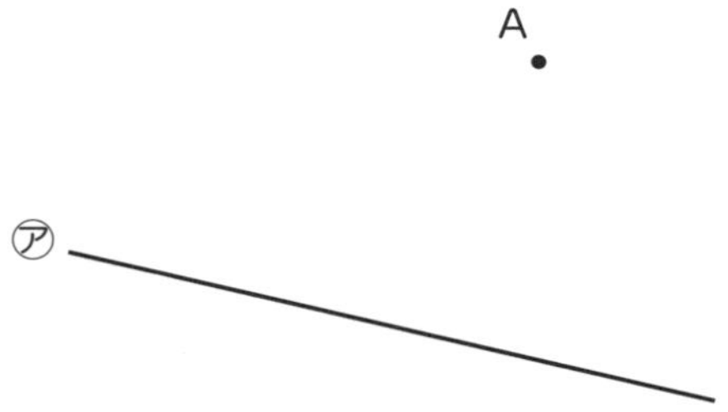

A・

⑦

③ 次の平行四辺形をかきましょう。(10)

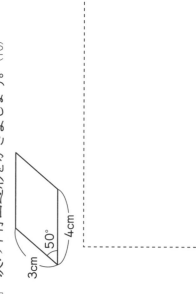

3cm　50°　4cm

[思考・判断・表現]

④ 対角線が下の図のようになる四角形の名前を書きましょう。(10×4)

① 4cm 4cm 4cm （　　）
② 4cm 3cm 3cm 4cm （　　）
③ 4cm 4cm 4cm 4cm （　　）
④ 4cm 3cm 4cm 3cm （　　）

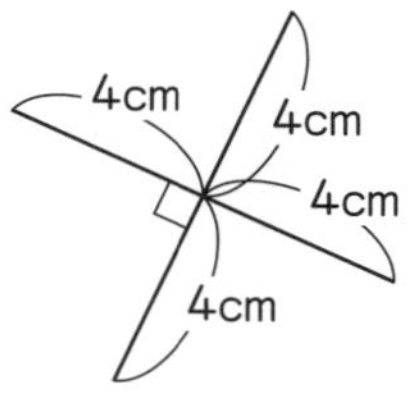

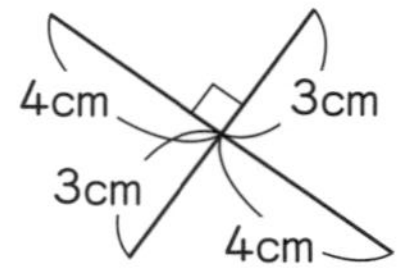

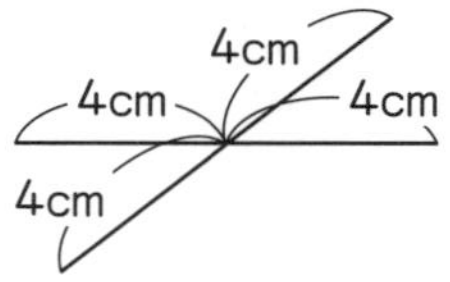

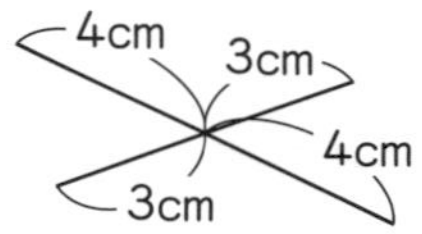

⑤ 3つの点A、B、Cを頂点とする平行四辺形を、あと2つかきましょう。(5×2)

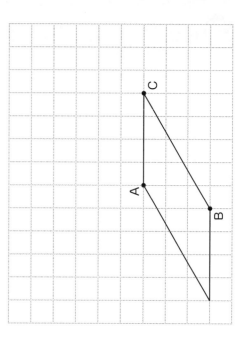

● テープの色をぬった部分の長さを，分数で表しましょう。

① 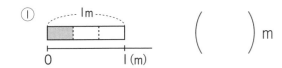 （　　　）m

② 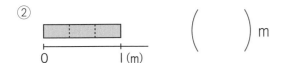 （　　　）m

③ 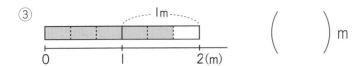 （　　　）m

④ 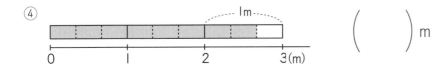 （　　　）m

⑤ 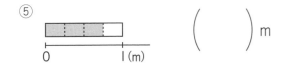 （　　　）m

⑥ 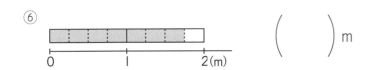 （　　　）m

⑦ 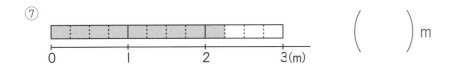 （　　　）m

1　次の分数を，真分数，仮分数，帯分数に分けましょう。

$$\frac{6}{5} \quad 1\frac{2}{3} \quad \frac{5}{6} \quad \frac{4}{4} \quad \frac{7}{2} \quad 3\frac{1}{4} \quad \frac{7}{10}$$

┌ 真分数 ─────┐　┌ 仮分数 ─────┐　┌ 帯分数 ─────┐

2　色をぬった部分の長さを，仮分数と帯分数の両方で表しましょう。

　　　　　　　　　　　　　　　仮分数　　　帯分数

① 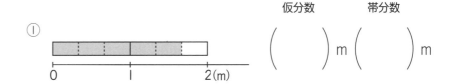 （　　　）m（　　　）m

　　　　　　　　　　　　　　　仮分数　　　帯分数

② 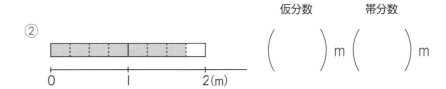 （　　　）m（　　　）m

　　　　　　　　　　　　　　　仮分数　　　帯分数

③ 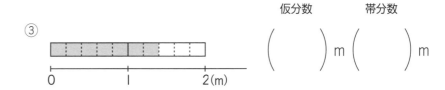 （　　　）m（　　　）m

　　　　　　　　　　　　　　　仮分数　　　帯分数

④ 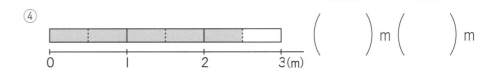 （　　　）m（　　　）m

1　次の水のかさは，何Lですか。仮分数と帯分数の両方で表しましょう。

①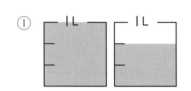

仮分数　　　帯分数

(　　　) L (　　　) L

②

仮分数　　　帯分数

(　　　) L (　　　) L

③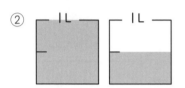

仮分数　　　帯分数

(　　　) L (　　　) L

④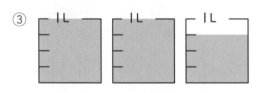

仮分数　　　帯分数

(　　　) L (　　　) L

⑤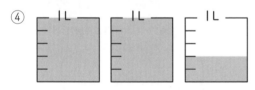

仮分数　　　帯分数

(　　　) L (　　　) L

2　□にあてはまる不等号を書きましょう。

① $1\frac{3}{7}$ □ $3\frac{3}{7}$

② $1\frac{7}{8}$ □ $2\frac{1}{8}$

●　数直線のめもりが表す分数はいくつですか。
　　1より大きい分数は，仮分数と帯分数の両方で表しましょう。

①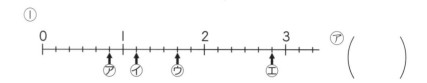

㋐ (　　　)

	仮分数	帯分数		仮分数	帯分数		仮分数	帯分数
㋑	(　)	(　)	㋒	(　)	(　)	㋓	(　)	(　)

②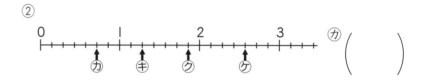

㋕ (　　　)

	仮分数	帯分数		仮分数	帯分数		仮分数	帯分数
㋖	(　)	(　)	㋗	(　)	(　)	㋘	(　)	(　)

③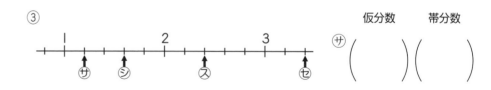

	仮分数	帯分数
㋚	(　)	(　)

	仮分数	帯分数		仮分数	帯分数		仮分数	帯分数
㋛	(　)	(　)	㋜	(　)	(　)	㋝	(　)	(　)

30

10 分数
分数の表し方（5）

1　数直線の □ には仮分数を, □ には帯分数を書きましょう。

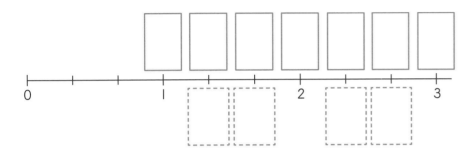

2　次の仮分数を, 帯分数か整数になおしましょう。

① $\dfrac{5}{2}$　（　　　）　　　② $\dfrac{7}{3}$　（　　　）

③ $\dfrac{10}{3}$　（　　　）　　　④ $\dfrac{9}{4}$　（　　　）

⑤ $\dfrac{10}{5}$　（　　　）　　　⑥ $\dfrac{12}{3}$　（　　　）

⑦ $\dfrac{13}{7}$　（　　　）　　　⑧ $\dfrac{28}{7}$　（　　　）

---

10 分数
分数の表し方（6）

1　次の仮分数を, 帯分数か整数になおしましょう。

① $\dfrac{9}{2}$　（　　　）　　　② $\dfrac{9}{3}$　（　　　）

③ $\dfrac{13}{9}$　（　　　）　　　④ $\dfrac{25}{7}$　（　　　）

⑤ $\dfrac{19}{8}$　（　　　）　　　⑥ $\dfrac{21}{10}$　（　　　）

⑦ $\dfrac{19}{6}$　（　　　）　　　⑧ $\dfrac{60}{5}$　（　　　）

2　次の仮分数を帯分数か整数になおして, 小さい順にならべ, 記号を □ に書きましょう。

⑦ $\dfrac{7}{2}$　　　④ $\dfrac{15}{3}$　　　⑦ $\dfrac{11}{4}$　　　④ $\dfrac{8}{5}$　　　④ $\dfrac{18}{6}$

（　　　）（　　　）（　　　）（　　　）（　　　）

① 次の帯分数を仮分数になおしましょう。

① $3\frac{1}{2}$ （　　　）　　　　② $1\frac{2}{3}$ （　　　）

③ $2\frac{3}{4}$ （　　　）　　　　④ $4\frac{2}{5}$ （　　　）

⑤ $5\frac{5}{6}$ （　　　）　　　　⑥ $3\frac{2}{7}$ （　　　）

⑦ $7\frac{3}{8}$ （　　　）　　　　⑧ $5\frac{5}{12}$ （　　　）

② 次の分数の大小を，不等号を使って表しましょう。

① $\frac{7}{2}$ □ 3　　　　② $2\frac{1}{3}$ □ $\frac{8}{3}$

③ $\frac{10}{4}$ □ $2\frac{3}{4}$　　　　④ $6\frac{3}{8}$ □ $\frac{50}{8}$

① 次の帯分数を仮分数になおしましょう。

① $1\frac{2}{5}$ （　　　）　　　　② $2\frac{3}{7}$ （　　　）

③ $3\frac{5}{8}$ （　　　）　　　　④ $3\frac{1}{4}$ （　　　）

⑤ $4\frac{2}{3}$ （　　　）　　　　⑥ $5\frac{4}{5}$ （　　　）

⑦ $3\frac{5}{6}$ （　　　）　　　　⑧ $7\frac{4}{7}$ （　　　）

トライ
② 次の帯分数を仮分数になおすときの，分子の数を求める式を書きます。□にあてはまる数を書きましょう。

① $3\frac{2}{4}$　　　$4 \times$ □ $+$ □ $=$ □

② $4\frac{5}{6}$　　　$6 \times$ □ $+$ □ $=$ □

③ $5\frac{7}{8}$　　　$8 \times$ □ $+$ □ $=$ □

● 数直線の□にあてはまる分数を書いて，右の問いに答えましょう。

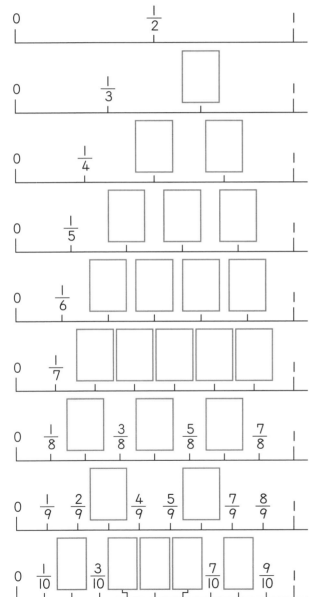

①　$\frac{1}{2}$ と大きさが
等しい分数を
書きましょう。

$\Big(\quad\Big)\Big(\quad\Big)$

$\Big(\quad\Big)\Big(\quad\Big)$

②　$\frac{1}{3}$ と大きさが
等しい分数を
書きましょう。

$\Big(\quad\Big)\Big(\quad\Big)$

● 数直線の分数を見て，問いに答えましょう。

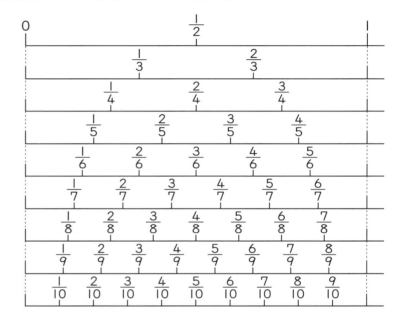

①　$\frac{1}{3}$，$\frac{1}{4}$，$\frac{1}{5}$ を小さい順に書きましょう。

$\Big(\quad\Big) < \Big(\quad\Big) < \Big(\quad\Big)$

②　㋐〜㋒とそれぞれ大きさが等しい分数を書きましょう。

㋐
$\frac{4}{6} = \Big(\quad\Big) = \Big(\quad\Big)$

㋑
$\frac{6}{8} = \Big(\quad\Big)$

㋒
$\frac{8}{10} = \Big(\quad\Big)$

33

① □にあてはまる，等号や不等号を書きましょう。

① $\dfrac{2}{4}$ ☐ $\dfrac{2}{3}$　② $\dfrac{4}{10}$ ☐ $\dfrac{2}{5}$　③ $\dfrac{7}{8}$ ☐ $\dfrac{7}{9}$

④ $\dfrac{2}{4}$ ☐ $\dfrac{4}{8}$　⑤ $\dfrac{1}{3}$ ☐ $\dfrac{2}{6}$　⑥ $\dfrac{3}{4}$ ☐ $\dfrac{3}{5}$

② □にあてはまる数を，┈┈から1回ずつ選んで書きましょう。

①

$\dfrac{4}{9} > \dfrac{4}{\boxed{}}$　　$\dfrac{2}{5} < \dfrac{2}{\boxed{}}$　　$\dfrac{3}{4} = \dfrac{\boxed{}}{8}$

┊ 3, 6, 10 ┊

下の数直線を見て考えよう。

②

$\dfrac{2}{4} = \dfrac{\boxed{}}{10}$

$\dfrac{5}{6} > \dfrac{5}{\boxed{}}$

$\dfrac{1}{3} < \dfrac{1}{\boxed{}}$

┊ 5, 7, 2 ┊

① 計算をしましょう。

① $\dfrac{4}{5} + \dfrac{3}{5}$　　② $\dfrac{3}{4} + \dfrac{3}{4}$

③ $\dfrac{5}{6} + \dfrac{1}{6}$　　④ $\dfrac{5}{8} + \dfrac{7}{8}$

⑤ $\dfrac{3}{5} + \dfrac{7}{5}$　　⑥ $\dfrac{8}{7} + \dfrac{5}{7}$

② 計算をしましょう。

① $\dfrac{11}{8} - \dfrac{7}{8}$　　② $\dfrac{11}{9} - \dfrac{4}{9}$

③ $\dfrac{7}{5} - \dfrac{2}{5}$　　④ $\dfrac{13}{6} - \dfrac{1}{6}$

⑤ $\dfrac{15}{13} - \dfrac{7}{13}$　　⑥ $\dfrac{10}{3} - \dfrac{5}{3}$

10 分数
分数のたし算とひき算 (2)

1　計算をしましょう。

① $1\dfrac{1}{5} + 2\dfrac{3}{5}$

② $1\dfrac{1}{8} + 3\dfrac{5}{8}$

③ $3\dfrac{1}{5} + 1\dfrac{2}{5}$

④ $4 + 2\dfrac{1}{2}$

⑤ $3\dfrac{3}{10} + 4\dfrac{1}{10}$

⑥ $9\dfrac{1}{7} + 1\dfrac{2}{7}$

2　計算をしましょう。

$1\dfrac{2}{3} + \dfrac{2}{3} = 1\dfrac{4}{3}$　$\dfrac{4}{3} = 1\dfrac{1}{3}$ だね。
$= \square$

① $1\dfrac{2}{3} + \dfrac{2}{3}$

② $\dfrac{4}{5} + 2\dfrac{3}{5}$

③ $1\dfrac{3}{4} + \dfrac{1}{4}$

④ $3\dfrac{5}{6} + \dfrac{1}{6}$

⑤ $\dfrac{5}{7} + 2\dfrac{4}{7}$

⑥ $3\dfrac{5}{8} + \dfrac{7}{8}$

---

10 分数
分数のたし算とひき算 (3)

● 計算をしましょう。

① $1\dfrac{2}{5} + 2\dfrac{1}{5}$

② $2\dfrac{2}{9} + \dfrac{5}{9}$

③ $9 + 3\dfrac{4}{7}$

④ $3\dfrac{5}{12} + 2$

⑤ $1\dfrac{5}{7} + \dfrac{6}{7}$

⑥ $3\dfrac{4}{5} + \dfrac{3}{5}$

⑦ $\dfrac{5}{8} + 2\dfrac{3}{8}$

トライ ⑧ $1\dfrac{7}{8} + 3\dfrac{5}{8}$

トライ ⑨ $3\dfrac{7}{9} + 1\dfrac{2}{9}$

トライ ⑩ $3\dfrac{3}{4} + 2\dfrac{3}{4}$

トライ ⑪ $4\dfrac{5}{6} + 2\dfrac{3}{6}$

⑫ $1\dfrac{8}{13} + \dfrac{5}{13}$

トライ ⑬ $3\dfrac{4}{9} + 1\dfrac{8}{9}$

トライ ⑭ $1\dfrac{1}{2} + 5\dfrac{1}{2}$

10 分数
分数のたし算とひき算（4）

名前

月　日

1　計算をしましょう。

① $2\dfrac{5}{6} - 1\dfrac{1}{6}$

② $3\dfrac{3}{4} - \dfrac{2}{4}$

③ $4\dfrac{1}{2} - 2$

④ $4\dfrac{7}{8} - 2\dfrac{5}{8}$

⑤ $3\dfrac{7}{12} - 1\dfrac{5}{12}$

⑥ $6\dfrac{13}{14} - 5\dfrac{5}{14}$

2　計算をしましょう。

分数部分がひけないときは，整数部分から
くり下げた1を分数になおして計算するよ。
帯分数を仮分数になおして計算してもいいね。

① $2\dfrac{1}{6} - \dfrac{5}{6}$

② $3\dfrac{1}{4} - \dfrac{3}{4}$

③ $1\dfrac{1}{3} - \dfrac{2}{3}$

④ $2\dfrac{1}{8} - \dfrac{5}{8}$

⑤ $4 - \dfrac{1}{2}$

⑥ $2 - \dfrac{3}{4}$

10 分数
分数のたし算とひき算（5）

名前

月　日

● 計算をしましょう。

① $4\dfrac{4}{5} - 1\dfrac{2}{5}$

② $3\dfrac{5}{6} - 1\dfrac{1}{6}$

③ $2\dfrac{7}{8} - \dfrac{3}{8}$

④ $6\dfrac{5}{12} - 4$

⑤ $2\dfrac{1}{3} - \dfrac{2}{3}$

⑥ $3\dfrac{2}{5} - \dfrac{4}{5}$

トライ ⑦ $3 - 1\dfrac{5}{9}$

トライ ⑧ $4\dfrac{2}{7} - 1\dfrac{5}{7}$

トライ ⑨ $4\dfrac{5}{9} - 3\dfrac{8}{9}$

⑩ $5 - \dfrac{7}{12}$

トライ ⑪ $4 - 1\dfrac{2}{3}$

⑫ $7\dfrac{1}{2} - 2$

トライ ⑬ $2\dfrac{1}{6} - 1\dfrac{5}{6}$

トライ ⑭ $6\dfrac{5}{11} - 4\dfrac{7}{11}$

⑩分数
分数のたし算とひき算（6）

名前

● 計算をしましょう。

① $\dfrac{3}{4} + \dfrac{2}{4}$

② $4 + \dfrac{2}{3}$

③ $2\dfrac{2}{5} + \dfrac{2}{5}$

④ $2\dfrac{2}{7} + 1\dfrac{3}{7}$

⑤ $2\dfrac{7}{8} + \dfrac{5}{8}$

⑥ $3\dfrac{5}{6} + \dfrac{1}{6}$

トライ ⑦ $3\dfrac{4}{5} + 1\dfrac{3}{5}$

トライ ⑧ $2\dfrac{8}{11} + 2\dfrac{7}{11}$

⑨ $\dfrac{9}{8} - \dfrac{2}{8}$

⑩ $\dfrac{18}{5} - \dfrac{4}{5}$

⑪ $1\dfrac{5}{7} - \dfrac{4}{7}$

⑫ $2 - \dfrac{5}{8}$

⑬ $2\dfrac{1}{6} - \dfrac{5}{6}$

トライ ⑭ $4 - 1\dfrac{1}{2}$

トライ ⑮ $4\dfrac{1}{4} - 2\dfrac{3}{4}$

トライ ⑯ $2\dfrac{5}{12} - 1\dfrac{7}{12}$

---

⑩分数
分数のたし算とひき算（7）

名前

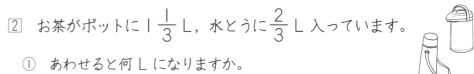

1　テープが 4m ありました。$2\dfrac{2}{5}$ m 使いました。
残りは何 m になりましたか。

式

答え _____

2　お茶がポットに $1\dfrac{1}{3}$ L，水とうに $\dfrac{2}{3}$ L 入っています。

① あわせると何 L になりますか。

式

答え _____

② かさのちがいは何 L ですか。

式

答え _____

3　ねん土を $\dfrac{8}{9}$ kg 使ったので，残りが $1\dfrac{2}{9}$ kg になりました。
はじめにねん土は何 kg ありましたか。

式

答え _____

① 数直線上のめもりが表す分数はいくつですか。
　１より大きい分数は，仮分数と帯分数の両方で表しましょう。

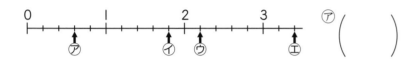

ア (　　)

　　仮分数　　帯分数　　　　仮分数　　帯分数　　　　仮分数　　帯分数

イ (　　)(　　)　ウ (　　)(　　)　エ (　　)(　　)

② 右下の数直線を見て答えましょう。

① $\frac{3}{4}$ と大きさが等しい分数を書きましょう。

(　　)

② $\frac{6}{9}$ と等しい分数で
分母がいちばん
小さい分数を書きま
しょう。

(　　)

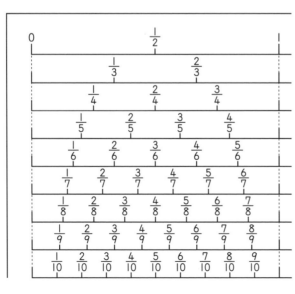

● 計算をしましょう。

① $\frac{5}{8} + \frac{7}{8}$

② $\frac{4}{5} + \frac{6}{5}$

③ $\frac{7}{11} + \frac{4}{11}$

④ $\frac{3}{4} + 1\frac{2}{4}$

トライ ⑤ $1\frac{5}{7} + 1\frac{2}{7}$

⑥ $1\frac{4}{5} + \frac{3}{5}$

⑦ $3 + 1\frac{1}{4}$

トライ ⑧ $2\frac{4}{9} + 1\frac{7}{9}$

⑨ $\frac{9}{5} - \frac{3}{5}$

⑩ $\frac{11}{8} - \frac{5}{8}$

⑪ $3\frac{2}{3} - \frac{2}{3}$

⑫ $\frac{16}{7} - \frac{2}{7}$

⑬ $2\frac{7}{8} - 1\frac{1}{8}$

⑭ $3\frac{1}{4} - \frac{3}{4}$

トライ ⑮ $5 - 2\frac{4}{7}$

トライ ⑯ $4\frac{2}{5} - 1\frac{4}{5}$

10 まとめのテスト
分数

[知識・技能]

1 次の長さは何mですか。仮分数と帯分数の両方で表しましょう。(5×2)

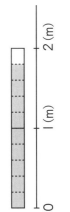

仮分数 (　　　) m

帯分数 (　　　) m

2 次の帯分数を、仮分数になおしましょう。(5×2)

① $1\frac{5}{6}$ (　　　)

② $2\frac{4}{7}$ (　　　)

3 次の仮分数を、帯分数になおしましょう。(5×2)

① $\frac{7}{3}$ (　　　)

② $\frac{31}{8}$ (　　　)

4 計算をしましょう。(5×4)

① $\frac{5}{4}+\frac{7}{4}$

② $2\frac{7}{9}+\frac{8}{9}$

③ $3\frac{5}{7}-\frac{2}{7}$

④ $3-1\frac{1}{4}$

[思考・判断・表現]

5 次の分数を小さい順にならべて、□に記号を書きましょう。(10×2)

① ㋐ $\frac{6}{2}$　㋑ $\frac{11}{4}$　㋒ $2\frac{1}{4}$　㋓ $\frac{9}{5}$　㋔ $\frac{10}{3}$

□ < □ < □ < □ < □

② ㋕ $\frac{32}{8}$　㋖ $\frac{25}{7}$　㋗ $\frac{30}{7}$　㋘ $\frac{26}{9}$　㋙ $4\frac{5}{7}$

□ < □ < □ < □ < □

6 Aのリボンは $\frac{9}{5}$ m、Bのリボンは $2\frac{3}{5}$ mです。(5×4)

① AとBのリボンをつなぎ目なしであわせると何mですか。

式

答え

② AとBのリボンの長さのちがいは何mですか。

式

答え

7 お茶が $3\frac{1}{7}$ Lありました。$1\frac{5}{7}$ L飲みました。残りは何Lですか。(5×2)

式

答え

11 変わり方調べ
変わり方調べ（1）

1　昼の時間（日の出から日ぼつまでの時間）と夜の時間（日ぼつから日の出までの時間）には，どんな関係があるかを調べます。

① 昼の時間が次のときの，夜の時間は何時間ですか。

昼の時間	夜の時間
1時間	（　　　）時間
2時間	（　　　）時間
3時間	（　　　）時間

② 昼の時間と夜の時間を表にしましょう。

昼の時間（時間）	1	2	3	4	5	6
夜の時間（時間）	23					

③ 表にまとめてみて，気がついたことはありませんか。
文の続きを書きましょう。

㋐ 昼の時間が1ふえると，夜の時間は

（　　　　　　　　　　　　　　）

㋑ 昼の時間と夜の時間をあわせると，

（　　　　　　　　　　　　　　）

2　昼の時間と夜の時間を表にすると，下のようになりました。

昼の時間（時間）□	1	2	3	4	5	6
夜の時間（時間）○	23	22	21	20	19	18

① 昼の時間を□時間，夜の時間を○時間として，□と○の関係を式に表します。（　　）にあてはまる数を書きましょう。

$$\square + \bigcirc = \left(　　　　\right)$$

② 昼の時間が次のときの，夜の時間は何時間ですか。

㋐ 昼の時間が9時間のとき　　（　　　　　）時間

㋑ 昼の時間が12時間のとき　　（　　　　　）時間

③ 夜の時間が次のときの，昼の時間は何時間ですか。

㋐ 夜の時間が10時間のとき　　（　　　　　）時間

㋑ 夜の時間が14時間のとき　　（　　　　　）時間

① 1辺が1cmの正三角形を下の図のように1列にならべて、まわりの長さが何cmになるかを調べます。

1こ　　2こ　　3こ　　4こ　　5こ

① 正三角形が次の数のときの、まわりの長さは何cmですか。

正三角形の数　　　まわりの長さ

1こ　　　（　　　　）cm

2こ　　　（　　　　）cm

3こ　　　（　　　　）cm

② 正三角形の数とまわりの長さを、表にしましょう。

正三角形の数（こ）	1	2	3	4	5	6
まわりの長さ (cm)	3					

③ 正三角形の数が1こふえるごとに、まわりの長さは何cmふえていますか。

（　　　　）cm

② 1辺が1cmの正三角形を右の図のようにならべていったときの、まわりの長さを調べると、下の表のようになりました。

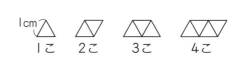

1こ　2こ　3こ　4こ

正三角形の数（こ）□	1	2	3	4	5	6
まわりの長さ (cm) ○	3	4	5	6	7	8

① 正三角形の数にいくつたすと、まわりの長さの数になりますか。

（　　　　）

② 正三角形の数を□こ、まわりの長さを○cmとして、□と○の関係を式に表します。（　　）にあてはまる数を書きましょう。

□ +（　　　　）= ○

③ 正三角形の数が次のときの、まわりの長さは何cmですか。

㋐ 10このとき　　　　（　　　　）cm

㋑ 30このとき　　　　（　　　　）cm

④ まわりの長さが100cmのとき、正三角形は何こですか。

（　　　　）こ

① 1辺が1cmの正方形を，下の図のように正方形になるように
ならべて，まわりの長さが何cmになるかを調べます。

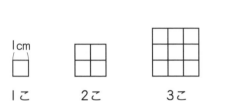

① 正方形の1辺の数とまわりの長さを，表にまとめましょう。

1辺の数（こ）	1	2	3	4	5	6	
まわりの長さ（cm）	4						

② 正方形の1辺の数が1こふえるごとに，まわりの長さは
何cmずつふえていますか。

（　　　　　）cm

③ 正方形の1辺の数にいくつをかけると，まわりの長さを表す数に
なっていますか。

（　　　　　）

② 1辺が1cmの正方形を，
右の図のようにならべていき，
まわりの長さを調べると，
下の表のようになりました。

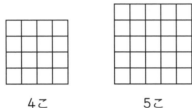

1辺の数（こ）　□	1	2	3	4	5	6	
まわりの長さ（cm）○	4	8	12	16	20	24	

① 正方形の1辺の数を□こ，まわりの長さを○cmとして，□と○
の関係を式に表します。（　　）にあてはまる数を書きましょう。

$$□ × (\qquad) = ○$$

② 正方形の1辺の数が次のときの，まわりの長さは何cmですか。

㋐ 10このとき　　　　　　（　　　　　）cm

㋑ 25このとき　　　　　　（　　　　　）cm

③ まわりの長さが200cmとなるのは，正方形の1辺の数が
何このときですか。

（　　　　　）こ

11 変わり方調べ
変わり方調べ（4）

① 　1辺が1cmの正三角形を，下の図のように1だん，2だん，…と
　　ならべて，まわりの長さが何cmになるかを調べます。

1だん　　　2だん　　　　3だん　　　　　4だん

① 　だんの数とまわりの長さを，表にまとめましょう。

だんの数（だん）	1	2	3	4	5	6	
まわりの長さ（cm）							

② 　だんの数が1だんふえるごとに，まわりの長さは何cmずつ
　　ふえていますか。

（　　　　　）cm

③ 　だんの数にいくつをかけると，まわりの長さを表す数になって
　　いますか。

（　　　　　）

② 　1辺が1cmの正三角形を，
　右の図のようにならべていき，
　まわりの長さを調べると，
　下の表のようになりました。

1cm　　1だん　2だん　　3だん　　　4だん

正三角形の数（こ）□	1	2	3	4	5	6	
まわりの長さ（cm）○	3	6	9	12	15	18	

① 　だんの数を□だん，まわりの長さを○cmとして，
　　□と○の関係を式に表しましょう。

（　　　　　　　　　）＝○

② 　だんの数が次のときの，まわりの長さは何cmですか。

　㋐　10だんのとき　　　　　（　　　　　）cm

　㋑　30だんのとき　　　　　（　　　　　）cm

③ 　まわりの長さが105cmとなるのは，何だんのときですか。

（　　　　　）だん

● 下の図のように，1本のひもをはさみで切ります。

切る回数 1回

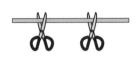
2回

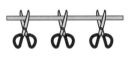
3回

① 切る回数とできるひもの本数の関係を，表に整理しましょう。

切る回数 (回)　□	1	2	3	4	5	6
できるひもの本数 (本)○						

② 切る回数□回と，できるひもの本数○本の関係を，式に表しましょう。

$$(\qquad) = ○$$

③ 切る回数が次の回数のとき，できるひもの本数は何本ですか。

㋐　20回　　　　　　　　　　（　　　　　）本

㋑　50回　　　　　　　　　　（　　　　　）本

④ できるひもの本数が100本になるのは，切る回数が何回のときですか。

（　　　　　）回

● 下の図のように，高さ2cmのブロックを積みます。

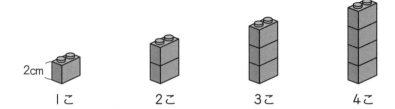
2cm
1こ　　2こ　　3こ　　4こ

① ブロックの数と高さの関係を，表に整理しましょう。

ブロックの数 (こ)□	1	2	3	4	5	6
高さ　　　(cm)○						

② ブロックの数□ことと，高さ○cmの関係を，式に表しましょう。

$$(\qquad) = ○$$

③ ブロックの数が次のときの高さは，何cmですか。

㋐　23このとき　　　　　　（　　　　　）cm

㋑　36このとき　　　　　　（　　　　　）cm

④ 高さが1mとなるのは，ブロックが何このときですか。

（　　　　　）こ

● 18 このいちごを，A さんと B さんの 2 人で分けます。

① A さんと B さんのいちごの数の関係を，表にまとめましょう。

A さんの数（こ）□	1	2	3	4	5	6
B さんの数（こ）○						

② A さんのいちごの数が 1 こふえると，B さんのいちごの数はどうなりますか。

(　　　　　　　　　　　)

③ A さんのいちごの数を□こ，B さんのいちごの数を○ことして，□と○の関係を式に表します。
（　）にあてはまる数を書きましょう。

□ ＋ ○ ＝ (　　　　)

④ A さんのいちごの数が 10 このとき，B さんのいちごの数は何こですか。

(　　　　) こ

● 1 辺の長さが 2cm の正方形を，下の図のようにならべて，まわりの長さを調べます。

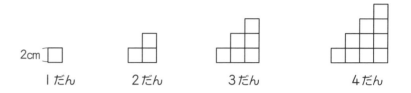

2cm

1 だん　　2 だん　　3 だん　　4 だん

① だんの数とまわりの長さの関係を，表にまとめましょう。

だんの数（だん）□	1	2	3	4	5	6
まわりの長さ（cm）○						

② だんの数を□だん，まわりの長さを○ cm として，□と○の関係を式に表しましょう。

(　　　　　　　) ＝ ○

③ だんの数が 15 だんのときの，まわりの長さは何 cm ですか。

(　　　　) cm

④ まわりの長さが 200cm になるのは，何だんのときですか。

(　　　　) だん

11 まとめのテスト
変わり方調べ

名前

月　日

[知識・技能]

1　30ページの絵本を読みます。読んだページと、読んでいないページの関係を表にまとめましょう。(10)

読んだページ（ページ）	1	2	3	4	5	6
読んでいないページ（ページ）	29					

2　下の図のように、三角形のテーブルに人がすわります。(10×2)

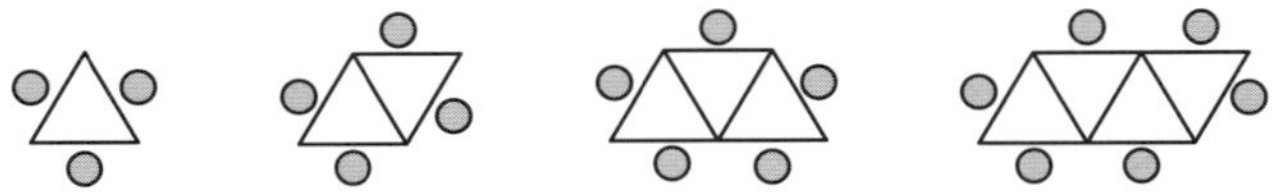

1台　2台　3台　4台

① テーブルの数とすわる人数の関係を、表にまとめましょう。

テーブルの数（台）	1	2	3	4	5	6
すわる人数（人）						

② テーブルの数に いくつをたすと、すわる人数になりますか。
（　　）

3　バケツで水を1回に5Lずつ運びます。(10×2)

① 運んだ回数と水の量の関係を、表にまとめましょう。

運んだ回数（回）	1	2	3	4	5	6
水の量（L）						

② 運んだ回数に いくつをかけると、水の量になりますか。
（　　）

[思考・判断・表現]

4　1辺が1cmの正三角形を、下の図のように1列にならべます。(10×3)

1こ　2こ　3こ　4こ　5こ

正三角形の数とまわりの長さをまとめると、下の表のようになりました。

三角形の数（こ）	1	2	3	4	5	6
まわりの長さ（cm）	3	4	5	6	7	8

① 正三角形の数を□こ、まわりの長さを○cmとして、□と○の関係を式に表します。（　）にあてはまる数を書きましょう。

□ ＋ （　　） ＝ ○

② 正三角形の数が40このときの、まわりの長さは何cmですか。
（　　）cm

③ まわりの長さが80cmのときの、正三角形の数は何こですか。
（　　）こ

5　1辺が1cmの正方形を下の図のようにならべて、まわりの長さを調べ、表にまとめました。(10×2)

1こ　2こ　3こ　4こ　5こ

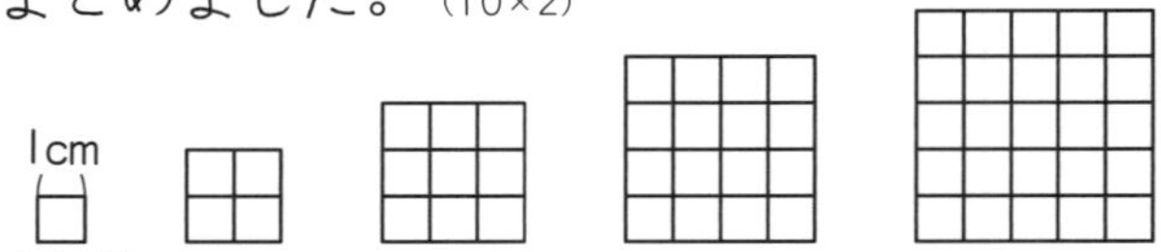

1cm　1辺の数

1辺の数（こ）	1	2	3	4	5	6
まわりの長さ（cm）	4	8	12	16	20	24

① 正方形の1辺の数を□こ、まわりの長さを○cmとして、□と○の関係を式に書きましょう。（　）にあてはまる数を書きましょう。

□ × （　　） ＝ ○

② 正方形の1辺の数が30このときの、まわりの長さは何cmですか。
（　　）cm

1　下の図の面積は1cm²です。（　　）にあてはまる数を書きましょう。
　また，cm²の読み方も書きましょう。

（　　）cm

（　　）cm

読み方

2　A，B，C，Dの4人でじん地とりをしました。
　広さをcm²を使って表しましょう。

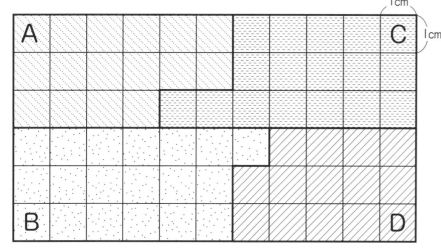

1cm

1cm

A　1cm²が（　　　　）こで，（　　　　cm²）

B　1cm²が（　　　　）こで，（　　　　cm²）

C　1cm²が（　　　　）こで，（　　　　cm²）

D　1cm²が（　　　　）こで，（　　　　cm²）

1　次の面積は何cm²ですか。

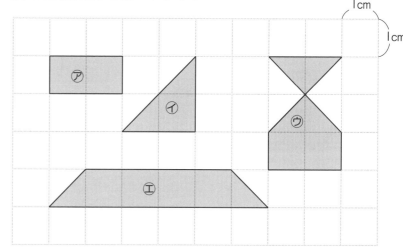

1cm

1cm

㋐（　　　　　　　　）　　㋑（　　　　　　　　）

㋒（　　　　　　　　）　　㋓（　　　　　　　　）

2　次の面積は何cm²ですか。

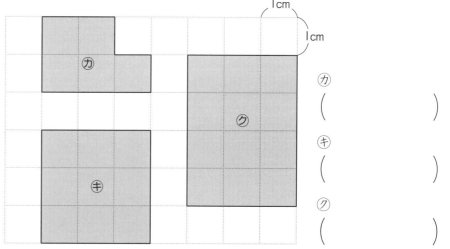

1cm

1cm

㋕（　　　　　　　　）

㋖（　　　　　　　　）

㋗（　　　　　　　　）

12 面積のはかり方と表し方
長方形と正方形の面積（1）

名前

● 下の長方形や正方形は，１cm² が何こで，何 cm² ですか。

①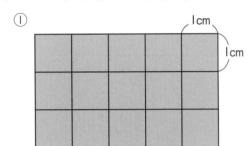

１cm² が

$$(\quad) \times (\quad) = (\quad)$$

$$(\quad) \text{cm}^2$$

②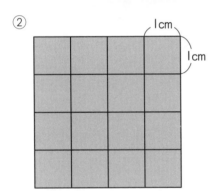

１cm² が

$$(\quad) \times (\quad) = (\quad)$$

$$(\quad) \text{cm}^2$$

③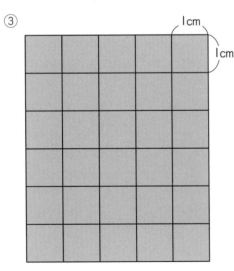

１cm² が

$$(\quad) \times (\quad) = (\quad)$$

$$(\quad) \text{cm}^2$$

12 面積のはかり方と表し方
長方形と正方形の面積（2）

名前

① 長方形や正方形の面積を求める公式を書きましょう。

長方形の面積＝□×□

正方形の面積＝□×□

② 次の長方形や正方形の面積を求めましょう。

①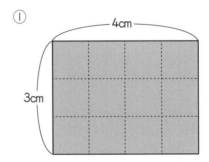

4cm
3cm

式

答え＿＿＿＿＿＿

②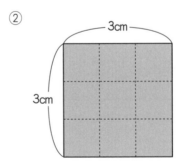

3cm
3cm

式

答え＿＿＿＿＿＿

③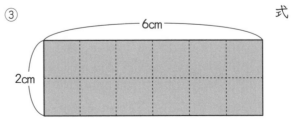

6cm
2cm

式

答え＿＿＿＿＿＿

● 次の長方形や正方形の面積を求めましょう。

① 長方形

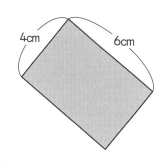

4cm　　6cm

式

答え＿＿＿＿＿＿＿

② 正方形

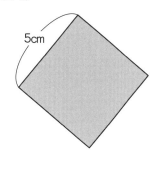

5cm

式

答え＿＿＿＿＿＿＿

③ たて 7cm，横 13cm の長方形の面積

式

答え＿＿＿＿＿＿＿

④ 1辺の長さが 12cm の正方形の面積

式

答え＿＿＿＿＿＿＿

1 次の□の辺の長さを求めましょう。

①

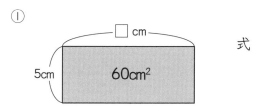

□ cm

5cm　60cm²

式

答え＿＿＿＿＿＿＿

②

□ cm

84cm²

14cm

式

答え＿＿＿＿＿＿＿

2 長方形の面積が 90cm² で，たての長さが 6cm です。
横の長さは何 cm ですか。

式

答え＿＿＿＿＿＿＿

3 長方形の面積が 252cm² で，たての長さが 18cm です。
横の長さは何 cm ですか。

式

答え＿＿＿＿＿＿＿

① 次の長方形の面積とまわりの長さを求めましょう。

①

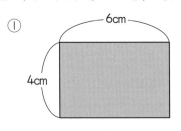

6cm
4cm

面積　式

答え

まわりの長さ　式

答え

②

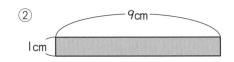

9cm
1cm

面積　　　式

答え

まわりの長さ　式

答え

② 長方形の面積とまわりの長さを，表に整理しましょう。

	たての長さ (cm)	横の長さ (cm)	面積 (cm²)	まわりの長さ (cm)
㋐	8	2		
㋑	7	3		
㋒	5	5		

● 下の方がんに，次の長方形や正方形をかきましょう。

面積が 18cm² の長方形を 3つ　……　㋐　㋑　㋒
面積が 16cm² の正方形　……………　㋓
面積が 25cm² の正方形　……………　㋔

1cm
1cm

● 右のような形の面積を、いろいろな方法で求めましょう。

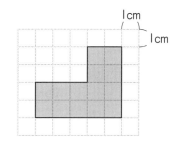

① 点線で2つの長方形に分けて面積を求めて、あわせる方法

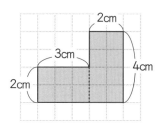

式

答え＿＿＿＿＿＿＿＿＿

② ㋐をふくめた長方形の面積から、㋐の面積をひく方法

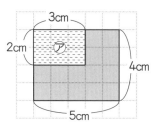

式

答え＿＿＿＿＿＿＿＿＿

③ ㋑を動かして、1つの長方形にして求める方法

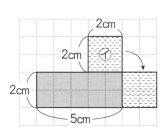

式

答え＿＿＿＿＿＿＿＿＿

● 右のような形の面積を、2つの方法で求めましょう。

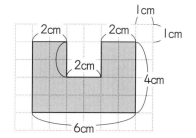

①

式

答え＿＿＿＿＿＿＿＿＿

②

式

答え＿＿＿＿＿＿＿＿＿

● 下のような形の面積を, くふうして求めましょう。

①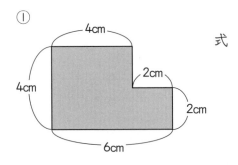

式

答え＿＿＿＿＿＿＿＿

②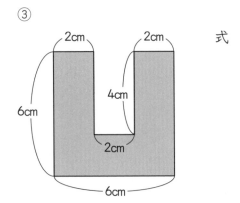

式

答え＿＿＿＿＿＿＿＿

③

式

答え＿＿＿＿＿＿＿＿

● 下のような形の面積を求めて, 問いに答えましょう。

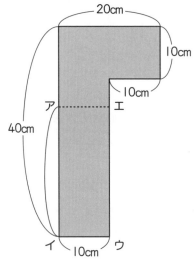

① 面積を求めましょう。

式

答え＿＿＿＿＿＿＿＿

（トライ）② 上の図形を面積で 2 等分になるように, 長方形アイウエを切り取ります。長方形アイウエの面積は何 cm² ですか。また, アイの長さは何 cm になりますか。

長方形アイウエの面積
式

答え＿＿＿＿＿＿＿＿

アイの長さ
式

答え＿＿＿＿＿＿＿＿

12 面積のはかり方と表し方
大きな面積の単位 (1)

① 下の図は 1m² の正方形です。（　　）に長さを書きましょう。
また，m² の読みも書きましょう。

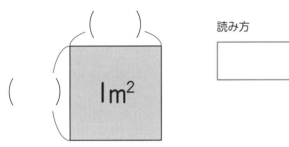

読み方

② 次の長方形や正方形の面積を求めましょう。

① 長方形

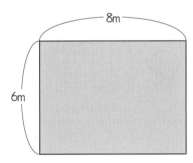

8m
6m

式

答え

② 正方形

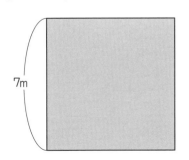

7m

式

答え

---

12 面積のはかり方と表し方
大きな面積の単位 (2)

① 1m² は何 cm² ですか。
（　　）にあてはまる数を書きましょう。

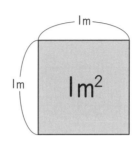

1m = （　　　　　） cm

cm を単位として，面積を求めましょう。

（　　　　）×（　　　　）=
（　　　　　　）

1m² = （　　　　　　　） cm²

② 次の長方形や正方形の面積は何 m² ですか。また，何 cm² ですか。

① 長方形

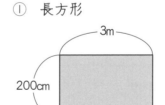

3m
200cm

式

答え　　　　m²,　　　　　　cm²

② 正方形

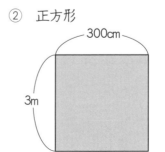

300cm
3m

式

答え　　　　m²,　　　　　　cm²

① 下の図は1aの正方形です。（ ）にあてはまる数を書きましょう。また，aの読みも書きましょう。

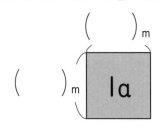

( ) m

( ) m

1a

1a = ( ) m²

aの読み方

② 下の図は1haの正方形です。（ ）にあてはまる数を書きましょう。また，haの読みも書きましょう。

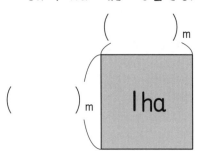

( ) m

( ) m

1ha

1ha = ( ) m²

haの読み方

③ 次の長方形の面積を求めましょう。

① 何aですか。

30m

20m

1a

式

答え _____

② 何haですか。

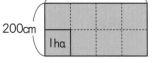

400cm

200cm

1ha

式

答え _____

① 下のようなドッジボールコートの面積は何m²ですか。また，何aですか。

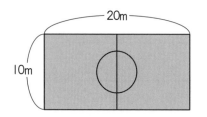

20m

10m

式

答え _____ m²,

_____ a

② 下の図のような長方形の田があります。

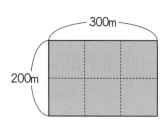 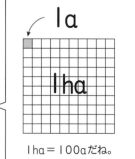

300m

200m

1a

1ha

1ha＝100aだね。

① この田の面積は何m²ですか。

式

( )

② この田の面積は何aですか。　( )

③ この田の面積は何haですか。　( )

1　下の図は 1km² の正方形です。（　）にあてはまる数を書きましょう。
また，km² の読みも書きましょう。

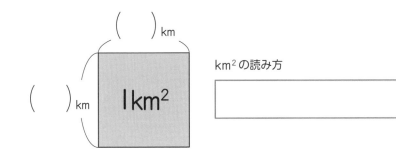

（　　）km

（　　）km

1km²

km² の読み方

2　1km² は何 m² ですか。（　）にあてはまる数を書きましょう。

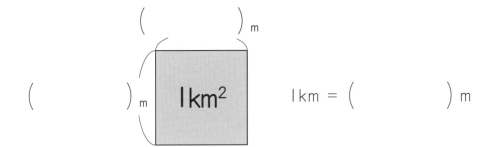

（　　　）m

（　　　）m

1km²

1km = （　　　　　）m

m の単位を使って 1km² の面積を求めましょう。

（　　　　　）×（　　　　　）=（　　　　　　　）

1km² = （　　　　　　　）m²

1　下の長方形や正方形の土地の面積を求めましょう。

①

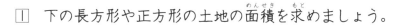

式

答え＿＿＿＿＿＿

② 正方形

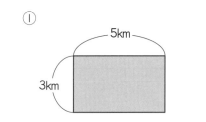

式

答え＿＿＿＿＿＿

2　下の長方形の面積は何 km² ですか。また，それは何 m² ですか。

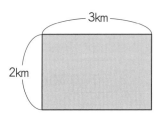

式

答え＿＿＿＿＿ km²，

＿＿＿＿＿＿＿＿＿ m²

月　　日

12 面積のはかり方と表し方
大きな面積の単位（7）

名前

● 面積の単位の整理をします。（　）にあてはまる単位（cm^2，m^2，a，ha，km^2）を書きましょう。また，下の問いに答えましょう。

	正方形の１辺の長さ	正方形の面積
1cm	1cm	1（　　　）
10cm	10cm	100（　　　）
1m	1m 100cm	1（　　　） $10000cm^2$
10m	10m	1（　　　） $100m^2$
100m	100m	1（　　　） $10000m^2$
1km	1km 1000m	1（　　　） $1000000m^2$

○ 正方形の１辺の長さが 10 倍になると，面積は何倍になりますか。

（　　　　　）

月　　日

12 面積のはかり方と表し方
大きな面積の単位（8）

名前

● （　　）にあてはまる数を書きましょう。

① $1m^2$ =（　　　　　　）cm^2

② $40000cm^2$ =（　　　）m^2

③ 1a =（　　　　　）m^2

④ 3a =（　　　　　）m^2

⑤ $200m^2$ =（　　　）a

⑥ 1ha =（　　　　　　）m^2

⑦ $50000m^2$ =（　　　）ha

⑧ 1ha =（　　　　　）a

⑨ $1km^2$ =（　　　　　　　　）m^2

⑩ $1km^2$ =（　　　　　）ha

月　日

名
前

1　まわりの長さが 28cm になるように，長方形や正方形をつくります。

①　たての長さが次のときの，横の長さと長方形の面積を求めましょう。

⑦　たての長さが 1cm のとき　横の長さ（　　　　　）cm

面積

式

答え ＿＿＿＿＿＿＿＿＿＿＿＿

⑦　たての長さが 2cm のとき　横の長さ（　　　　　）cm

面積

式

答え ＿＿＿＿＿＿＿＿＿＿＿＿

⑦　たての長さが 3cm のとき　横の長さ（　　　　　）cm

面積

式

答え ＿＿＿＿＿＿＿＿＿＿＿＿

②　まわりの長さが 28cm の長方形や正方形の，たてと横の長さと面積の関係を，表にまとめましょう。

たて(cm)	1	2	3	4	5	6	7	8	9	10	11	12	13
横(cm)													
面積(cm²)													

2　まわりの長さが 28cm になるように，長方形や正方形をつくります。

たて(cm)	1	2	3	4	5	6	7	8	9	10	11	12	13
横(cm)	13	12	11	10	9	8	7	6	5	4	3	2	1
面積(cm²)	13	24	33	40	45	48	49	48	45	40	33	24	13

①　面積がいちばん大きくなるのは，どんなときですか。

（　　　　　　　　　　　　　　　　　　）

②　たての長さと面積の変わり方を，折れ線グラフに表しましょう。

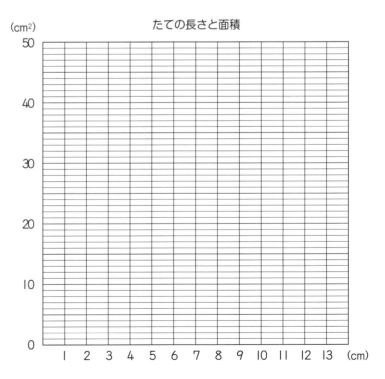

たての長さと面積

57

● 次の面積を求めましょう。

① 長方形

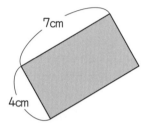

7cm
4cm

式

答え _____

② 正方形

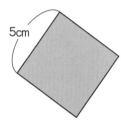

5cm

式

答え _____

③ たて 6km，横 8km の土地の面積

式

答え _____

④ たて 20m，横 50m の畑の面積は何 m² ですか。
　また，何 a ですか。

式

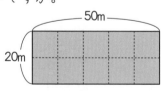

50m
20m

答え _____ m²,

_____ a

1　次の面積はどれくらいでしょうか。ふさわしい面積を選んで，
（　　）に記号を書きましょう。

① 算数のノートの面積

　⑦　45cm²　　④　90cm²　　⑤　450cm²　　⑤　900cm²

（　　　　）

② 教室の面積

　⑦　20m²　　④　70m²　　⑤　200m²　　⑤　700m²

（　　　　）

2　（　　）にあてはまる面積の単位を，下の ⌐¬ から選んで
書きましょう。

① はがきの面積　　　　　　およそ150（　　　　　　）

② 体育館の面積　　　　　　およそ600（　　　　　　）

③ サッカーコートの面積　　およそ4000（　　　　　　）

④ 埼玉県の面積　　　　　　およそ3800（　　　　　　）

⌐ ─ ─ ─ ─ ─ ─ ─ ─ ─ ─ ┐
　cm²　　m²　　km²
└ ─ ─ ─ ─ ─ ─ ─ ─ ─ ─ ┘

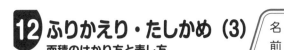

① 下のような形の面積を求めましょう。

①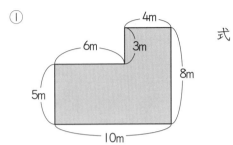

式

答え＿＿＿＿＿＿＿＿＿

②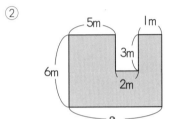

式

答え＿＿＿＿＿＿＿＿＿

② ここなさんは，下のような面積を，右の図のようにして求めました。ここなさんの考えを式にします。□にあてはまる数を書きましょう。

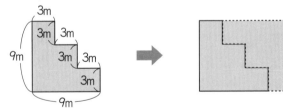

式　9 × (9 + □) ÷ 2 = 9 × □ ÷ 2

　　　　　　　　　　　= □ ÷ 2

　　　　　　　　　　　= □

① 下の長方形の横の長さを求めましょう。

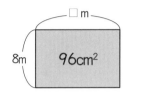

式

答え＿＿＿＿＿＿＿＿＿

② たて200m，横300mの長方形の畑があります。

① この畑の面積は何m²ですか。

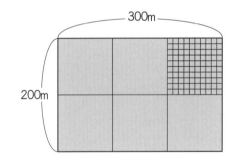

式

答え＿＿＿＿＿＿＿＿＿

② この畑の面積は何haですか。　（　　　　　　ha）

③ この畑の面積は何aですか。　（　　　　　　a）

③ （　）にあてはまる数を書きましょう。

① 1m² = （　　　　　　） cm²

② 1km² = （　　　　　　） m²

59

名前

12 まとめのテスト
面積のはかり方と表し方

【知識・技能】

① 次の長方形や正方形の面積を求めましょう。(5×4)

① 長方形

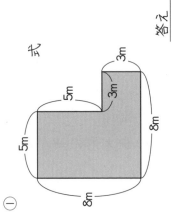

式

答え _____

② 1辺が11cmの正方形

式

答え _____

② 次の長方形の横の長さを求めましょう。(5×2)

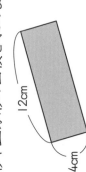

468cm²　18cm　□cm

式

答え _____

③ 下の図のような長方形の畑があります。この畑の面積は何m²ですか。また、何aですか。(式4、答え3×2)

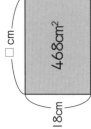

60m　20m

式

答え _____ m²、_____ a

④ ( )にあてはまる数を書きましょう。(5×2)

① 1m² = (_____)cm²

② 1km² = (_____)m²

【思考・判断・表現】

⑤ 下のような形の面積を求めましょう。(10×4)

①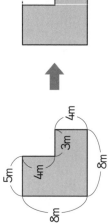

5m　5m　3m　3m　3m　8m　8m

式

答え _____

② 3m　3m　4m　3m　9m　10m

式

答え _____

⑥ 下の図のような面積を、ふみやさんは右下の図のように求めました。□にあてはまる数を書きましょう。(10)

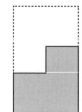
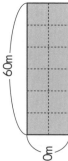

5m　4m　3m　8m　8m　4m

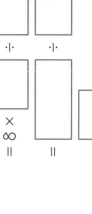

$8 × (□ + 8) ÷ □$

$= 8 × □$

$= □$

$= □$

１このコップに水が 0.4 L 入っています。このコップ 3 こ分では，水は全部で何 L になりますか。

① 式を書きましょう。　　（　　　　　　　　　）

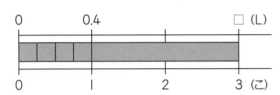

② 計算のしかたを考えます。□にあてはまる数を書きましょう。

㋐　0.1 L をもとにして

0.4L は，0.1L の [　　] こ分だから，

0.1L をもとにして考えると，[　　] × 3 = [　　]

0.1L が 12 こ分で，[　　] L。

㋑　かけ算のせいしつを使って

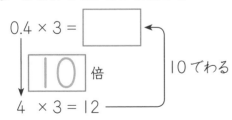

0.4 × 3 = [　　]

|10| 倍

4 × 3 = 12

10でわる

③ 答えを書きましょう。　　（　　　　　　　　　）

□1　0.6 × 3 の計算をします。□にあてはまる数を書きましょう。

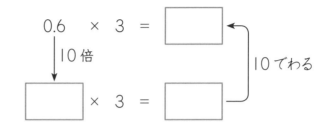

0.6 × 3 = [　　]

10倍

[　　] × 3 = [　　]

10でわる

□2　計算をしましょう。

① 0.5 × 3 =　　　　　　② 0.2 × 8 =

③ 0.4 × 6 =　　　　　　④ 0.7 × 3 =

⑤ 0.6 × 8 =　　　　　　⑥ 0.3 × 9 =

⑦ 0.7 × 8 =　　　　　　⑧ 0.6 × 9 =

⑨ 0.7 × 1 =　　　　　　⑩ 0.1 × 5 =

13 小数のかけ算とわり算
小数のかけ算（3）

名前

1 2.4 × 6 の筆算を，24 × 6 の計算をもとにして考えましょう。

① 24 × 6 の筆算をしましょう。

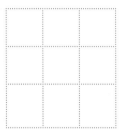

② 2.4 × 6 の筆算をしましょう。
小数点をうちましょう。

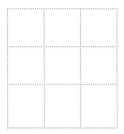

2 整数の計算をもとにして，右の式の積を求めましょう。

① 27 × 4 = 108 ➡ 2.7 × 4 = (　　　　　)

② 84 × 7 = 588 ➡ 8.4 × 7 = (　　　　　)

③ 97 × 6 = 582 ➡ 9.7 × 6 = (　　　　　)

④ 87 × 5 = 435 ➡ 8.7 × 5 = (　　　　　)

---

13 小数のかけ算とわり算
小数のかけ算（4）

名前

小数第一位 × 1 けた

① 7.5 × 5

② 8.2 × 6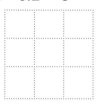

③ 6.8 × 4

④ 9.8 × 7

⑤ 9.4 × 2

⑥ 8.4 × 3

⑦ 2.7 × 9

⑧ 7.3 × 6

⑨ 7.5 × 7

⑩ 1.5 × 9

⑪ 6.7 × 8

⑫ 6.6 × 8

⑬ 7.7 × 7

⑭ 8.9 × 8

⑮ 3.9 × 6

13 小数のかけ算とわり算
小数のかけ算（5）

小数第一位 × 1けた

① 次の計算を筆算でしましょう。

① 4.7 × 5　　② 7.2 × 7　　③ 8.8 × 8

④ 29.6 × 4　　⑤ 73.1 × 8　　⑥ 98.2 × 9

⑦ 43.6 × 3　　⑧ 52.4 × 4　　⑨ 53.6 × 2

トライ
② □に数字を入れて，正しい筆算をつくりましょう。

①
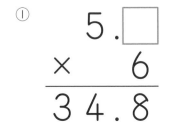

②
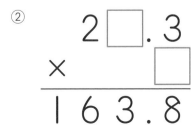

---

13 小数のかけ算とわり算
小数のかけ算（6）

小数第一位 × 1けた

① 次の計算を筆算でしましょう。

① 0.4 × 2　② 0.2 × 3　③ 0.3 × 3　④ 0.5 × 6

② 次の計算を筆算でしましょう。

① 7.6 × 5　　② 8.6 × 5　　③ 2.4 × 5

④ 7.5 × 8　　⑤ 2.5 × 8　　⑥ 2.5 × 4

⑦ 13.5 × 6　　⑧ 17.5 × 8　　⑨ 12.5 × 8

13 小数のかけ算とわり算
小数のかけ算（7）

名前

小数第一位 × 1 けた

1 次の計算を筆算でしましょう。

① 0.3 × 2　　② 0.7 × 8　　③ 0.6 × 9　　④ 0.8 × 5

⑤ 1.8 × 5　　⑥ 5.5 × 6　　⑦ 6.4 × 5

⑧ 24.5 × 2　　⑨ 42.5 × 4　　⑩ 27.5 × 8

トライ
2 □に数字を入れて，正しい筆算をつくりましょう。また，必要のない 0 に ＼ を書きましょう。

①
```
  0.□
×   7
─────
  □.6
```

②
```
  □7.6
×    5
──────
 23□.□
```

③
```
  □2.□
×    6
──────
 37□.0
```

13 小数のかけ算とわり算
小数のかけ算（8）

名前

小数第一位 × 2 けた

① 6.7 × 34　　② 0.8 × 73　　③ 3.7 × 35

④ 8.5 × 68　　⑤ 27.5 × 23　　⑥ 96.3 × 28

⑦ 43.6 × 25　　⑧ 25.8 × 40　　⑨ 47.5 × 60

① 水を 1 このバケツに 4.8L ずつ入れます。
そのバケツが 16 こあると, 水は何 L いりますか。

式

答え＿＿＿＿＿＿＿＿＿＿＿＿

② 5.2m の 17 倍の長さは何 m ですか。

式

答え＿＿＿＿＿＿＿＿＿＿＿＿

③ 16.5kg の 20 倍の重さは何 kg ですか。

式

答え＿＿＿＿＿＿＿＿＿＿＿＿

小数第二位 × 1けた

① 整数の計算をもとにして, 右の式の積を求めましょう。

①　413 × 6 ＝ 2478　➡　4.13 × 6 ＝（　　　　　　）

②　829 × 5 ＝ 4145　➡　8.29 × 5 ＝（　　　　　　）

③　307 × 9 ＝ 2763　➡　3.07 × 9 ＝（　　　　　　）

② 次の計算を筆算でしましょう。

①　3.91 × 2

②　7.53 × 4

③　8.02 × 9

④　6.34 × 6

⑤　5.47 × 8

⑥　4.84 × 7
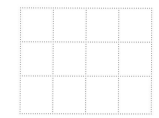

⑦　0.37 × 2

⑧　0.18 × 9

⑨　0.26 × 3

① 3.84 × 6　② 7.04 × 8　③ 0.18 × 3

④ 2.15 × 6　⑤ 2.28 × 5　⑥ 3.75 × 4

⑦ 2.37 × 32　⑧ 5.81 × 46　⑨ 9.52 × 58

⑩ 8.67 × 64　⑪ 7.76 × 34　⑫ 8.09 × 29

トライ

① （　）にあてはまる数を書きましょう。

① 2.43 × 5 の計算をします。

2.43 を（　　　　）倍して 243 × 5 の計算をして，その積

1215 を（　　　　）でわって，答えは（　　　　　　）です。

② 4.03 × 8 の計算をします。

4.03は0.01の（　　　　　）こ分なので0.01をもとにして考えると，

（　　　　　）× 8 =（　　　　　）です。

0.01 が 3224 こ分なので，答えは（　　　　　　）です。

② 次の計算を筆算でしましょう。

① 7.65 × 7　② 2.06 × 5　③ 0.39 × 4

④ 4.99 × 16　⑤ 9.08 × 75　⑥ 6.76 × 84

① テープを1人に0.85mずつ配ります。
　28人に配るには，テープは何mいりますか。

式

答え _____

② 1さつ0.56kgの辞典があります。
　この辞典15さつの重さは何kgですか。

式

答え _____

③ 毎朝2.45kmの散歩をします。
　1か月（30日）では，何km歩くことになりますか。

式

答え _____

| 1こ0.4kgのかんづめがあります。 |
| このかんづめ□こでは，何kgになりますか。 |

① □が，次のこ数のときのかんづめの重さを求めましょう。

2このとき

式

答え _____

3このとき

式

答え _____

② □の数が4，5，6，7，8のとき，全部の重さを
　表にまとめましょう。

かんづめの こ数（こ）	1	2	3	4	5	6	7	8
全部の重さ （kg）	0.4	0.8	1.2					

③ かんづめのこ数が2倍，3倍，…になると，全部の重さは
　どのように変わりますか。

(　　　　　　　　　　　　　　　　　　　)

13 小数のかけ算とわり算
小数のわり算 (1)

名前

リボンが 2.4 m あります。
このリボンを 3 人で等分すると，
1 人分は何 m になりますか。

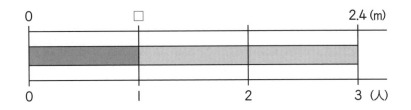

0　　　　　　□　　　　　　　　　2.4 (m)

0　　　　　1　　　　　2　　　　　3 (人)

① 式を書きましょう。　（　　　　　　　　　　　）

② 計算のしかたを考えます。□にあてはまる数を書きましょう。

2.4mは，0.1mが □ こ分。

0.1をもとにして考えると， □ ÷ 3 = □

1人分は，0.1mが □ こ分で， □ m。

③ 答えを書きましょう。　（　　　　　　　　　　　）

13 小数のかけ算とわり算
小数のわり算 (2)

名前

● 計算をしましょう。

① 3.9 ÷ 3 =　　　　　② 4.8 ÷ 4 =

③ 9.6 ÷ 3 =　　　　　④ 8.4 ÷ 2 =

⑤ 1.2 ÷ 4 =　　　　　⑥ 1.8 ÷ 6 =

⑦ 2.8 ÷ 7 =　　　　　⑧ 4.8 ÷ 8 =

⑨ 3.6 ÷ 9 =　　　　　⑩ 4.2 ÷ 6 =

⑪ 4.5 ÷ 5 =　　　　　⑫ 3.2 ÷ 8 =

⑬ 3.5 ÷ 7 =　　　　　⑭ 5.4 ÷ 6 =

13 小数のかけ算とわり算
小数のわり算（3）

名前

---

① 6.4 ÷ 2 の計算のしかたについて，□にあてはまる数を書きましょう。

① 一の位と $\frac{1}{10}$ の位に分けて

6.4 を，6 と □ に分けて，

$\boxed{6}$ ÷ 2 = $\boxed{3}$

$\boxed{}$ ÷ 2 = $\boxed{0.2}$

答えは，あわせて □

② 0.1 をもとにして

6.4 は，0.1 の □ こ分。

$\boxed{}$ ÷ 2 = $\boxed{}$

0.1 が 32 こ分なので，

答えは □

③ わられる数を 10 倍して

6.4 を □ 倍して，64 ÷ 2 の計算をする。

その商 32 を □ でわって，答えは □

② 計算をしましょう。

① 3.9 ÷ 3 =

② 8.2 ÷ 2 =

③ 8.4 ÷ 4 =

---

13 小数のかけ算とわり算
小数のわり算（4）

名前

小数第一位 ÷ 1けた

① 8.4 ÷ 3 の筆算のしかたを説明します。

□には数を，（　）にはことばを書きましょう。

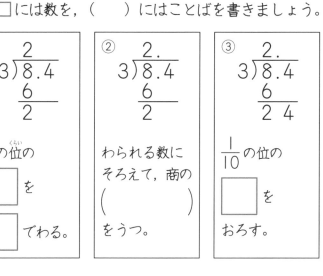

①
$$3\overline{)8.4}$$ 商 2、6、2

一の位の □ を □ でわる。

②
$$3\overline{)8.4}$$ 商 2.、6、2

わられる数にそろえて，商の（　　　）をうつ。

③
$$3\overline{)8.4}$$ 商 2.、6、2 4

$\frac{1}{10}$ の位の □ をおろす。

④
$$3\overline{)8.4}$$ 商 2.8、6、2 4、2 4、0

□ を □ でわる。

② 次の計算を筆算でしましょう。

① 9.6 ÷ 8

② 7.2 ÷ 2

③ 4.2 ÷ 3

④ 8.5 ÷ 5

⑤ 7.5 ÷ 3

⑥ 8.4 ÷ 6

⑦ 9.1 ÷ 7

⑧ 9.6 ÷ 6

Ⅰ　次の計算を筆算でしましょう。

① 7.6 ÷ 2　② 7.2 ÷ 4　③ 8.4 ÷ 3　④ 9.5 ÷ 5

⑤ 9.2 ÷ 4　⑥ 8.7 ÷ 3　⑦ 7.8 ÷ 6　⑧ 5.2 ÷ 4

⑨ 9.8 ÷ 2　⑩ 9.8 ÷ 7　⑪ 7.5 ÷ 5　⑫ 9.6 ÷ 8

Ⅱ　8.4Ｌ のお茶を 6 人の水とうに等分します。1 人分は何 Ｌ に
なりますか。

式

答え

Ⅰ　次の計算を筆算でしましょう。

① 3.6 ÷ 2　② 8.7 ÷ 3　③ 7.6 ÷ 4　④ 6.5 ÷ 5

⑤ 9.6 ÷ 4　⑥ 8.4 ÷ 7　⑦ 7.2 ÷ 6　⑧ 4.5 ÷ 3

トライ
Ⅱ　□ に数字を入れて，正しい筆算をつくりましょう。

①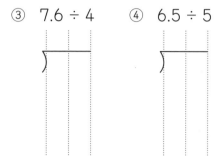
②
③

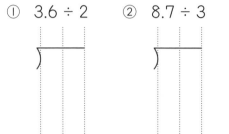

① 31.6 ÷ 2　② 52.8 ÷ 3　③ 71.6 ÷ 4　④ 82.5 ÷ 5

⑤ 93.5 ÷ 5　⑥ 98.4 ÷ 6　⑦ 75.6 ÷ 3　⑧ 92.4 ÷ 7

⑨ 99.2 ÷ 8　⑩ 44.4 ÷ 3　⑪ 77.7 ÷ 3　⑫ 88.8 ÷ 3

1　次の計算を筆算でしましょう。

① 25.8 ÷ 3　② 30.4 ÷ 4　③ 60.2 ÷ 7　④ 52.2 ÷ 9

⑤ 41.4 ÷ 6　⑥ 62.4 ÷ 8　⑦ 20.4 ÷ 3　⑧ 11.2 ÷ 2

⑨ 38.8 ÷ 4　⑩ 37.5 ÷ 5　⑪ 42.7 ÷ 7　⑫ 81.9 ÷ 9

2　19.2kgのねん土を4人で等分すると、1人分は何kgですか。

式

答え _____

13 小数のかけ算とわり算
小数のわり算 (9)

名前

小数第一位 ÷ 1けた（商が真小数）

① 次の計算を筆算でしましょう。

① 1.8 ÷ 3　② 5.6 ÷ 8　③ 2.7 ÷ 9　④ 4.2 ÷ 6

⑤ 2.4 ÷ 4　⑥ 3.5 ÷ 5　⑦ 4.8 ÷ 8　⑧ 7.2 ÷ 9

⑨ 1.2 ÷ 2　⑩ 3.2 ÷ 4　⑪ 1.5 ÷ 3　⑫ 3.6 ÷ 6

② 白のテープの長さは，緑のテープの長さの 4 倍で，2.8m です。
緑のテープの長さは何 m ですか。

式

答え _____

---

13 小数のかけ算とわり算
小数のわり算 (10)

名前

小数第一位 ÷ 2けた

① 次の計算を筆算でしましょう。

① 73.6 ÷ 23　② 81.6 ÷ 34　③ 70.5 ÷ 15　④ 70.2 ÷ 18

⑤ 46.9 ÷ 67　⑥ 27.2 ÷ 34　⑦ 41.3 ÷ 59　⑧ 22.4 ÷ 28

⑨ 13.6 ÷ 17　⑩ 91.2 ÷ 16　⑪ 17.5 ÷ 25　⑫ 89.6 ÷ 28

② 親犬の体重は，子犬の体重の 17 倍で，25.5kg です。
子犬の体重は何 kg ですか。

式

答え _____

13 小数のかけ算とわり算
小数のわり算（11）

小数第一位 ÷ 2けた

□ 次の計算を筆算でしましょう。

① 86.4 ÷ 24　② 60.8 ÷ 19　③ 48.6 ÷ 27　④ 93.6 ÷ 36

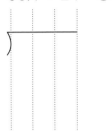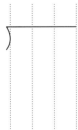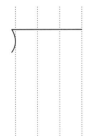

⑤ 14.4 ÷ 18　⑥ 34.2 ÷ 57　⑦ 24.3 ÷ 27　⑧ 24.5 ÷ 35

⑨ 17.4 ÷ 29　⑩ 73.1 ÷ 17　⑪ 89.6 ÷ 28　⑫ 13.3 ÷ 19

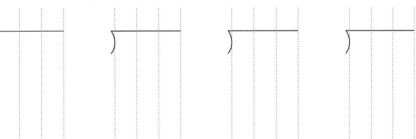

② 26人に同じ長さのテープを配ると，20.8m いりました。
　 1人に何mずつ配ったのですか。また，それは何cmですか。

式

答え　　　　　　m，　　　　　　cm

13 小数のかけ算とわり算
小数のわり算（12）

小数第二位 ÷ 1けた・2けた

① 9.36 ÷ 4　② 7.29 ÷ 3　③ 9.05 ÷ 5　④ 7.28 ÷ 7

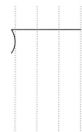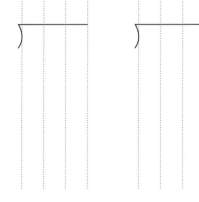

⑤ 3.57 ÷ 17　⑥ 8.05 ÷ 23　⑦ 5.75 ÷ 25　⑧ 9.36 ÷ 18

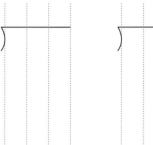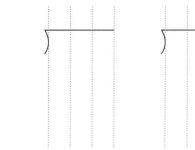

⑨ 7.74 ÷ 6　⑩ 7.35 ÷ 15　⑪ 8.32 ÷ 4　⑫ 8.12 ÷ 28

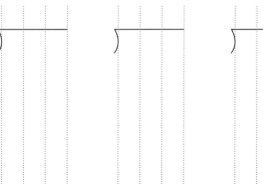

小数第二位 ÷ 1けた・2けた

① 7.88kg のお米を 4 ふくろに等分して入れます。
1 ふくろのお米は何 kg ですか。

式

答え _____

トライ
② 8.64L のジュースを，32 人で等分します。
1 人分は何 L になりますか。また，それは何 mL ですか。

式

答え _____ L, _____ mL

③ 次の計算を筆算でしましょう。

① 8.28 ÷ 3　② 6.24 ÷ 16　③ 7.29 ÷ 27　④ 9.18 ÷ 18

高が真小数

① 次の計算を筆算でしましょう。

① 0.42 ÷ 6　② 0.56 ÷ 14　③ 3.68 ÷ 46　④ 1.68 ÷ 28

⑤ 0.392 ÷ 8　⑥ 0.474 ÷ 6　⑦ 0.372 ÷ 62　⑧ 0.304 ÷ 38

⑨ 0.126 ÷ 18　⑩ 5.44 ÷ 68　⑪ 0.392 ÷ 7　⑫ 0.783 ÷ 9

トライ
② 4m のはり金があります。重さは 0.264kg でした。
このはり金 1m の重さは何 kg ですか。また，何 g ですか。

式

答え _____ kg, _____ g

13 小数のかけ算とわり算
小数のわり算（15）

名
前

商が真小数

① 次の計算を筆算でしましょう。

① 0.63 ÷ 7　② 0.48 ÷ 6　③ 0.75 ÷ 15　④ 4.76 ÷ 68

⑤ 0.273 ÷ 7　⑥ 0.696 ÷ 8　⑦ 0.148 ÷ 4　⑧ 0.129 ÷ 3

⑨ 0.128 ÷ 32　⑩ 0.119 ÷ 17　⑪ 0.224 ÷ 28　⑫ 0.114 ÷ 19

トライ

② ある数を 23 でわるのを，まちがえて 23 をかけたので，答えが 2.645 になりました。正しい答えを求めましょう。

| ある数 | × 23 ＝ 2.645 |

① ある数を求めましょう。

式

答え

② ある数を 23 でわって，正しい答えを求めましょう。

式

答え

---

13 小数のかけ算とわり算
小数のわり算（16）

名
前

① お茶が 23.5dL あります。１このコップに 3dL ずつ入れます。コップ何こ分できて，何 dL あまりますか。

式

答え＿＿＿＿＿＿＿＿＿＿＿＿＿＿＿

けん算をしましょう。

$$3 \times \boxed{} + \boxed{} = \boxed{}$$

② 商は一の位まで求め，あまりも出しましょう。また，けん算もしましょう。

① 58.2 ÷ 4　② 40.9 ÷ 9　③ 73.6 ÷ 14

| あまり | | あまり | | あまり |

けん算　①（　　　　　　　　　　　）

　　　②（　　　　　　　　　　　）

　　　③（　　　　　　　　　　　）

13 小数のかけ算とわり算
小数のわり算（17）

名前

● 商は一の位まで求め，あまりも出しましょう。

① 17.3 ÷ 3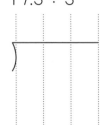

② 25.6 ÷ 5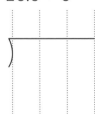

③ 29.6 ÷ 7

あまり

あまり

あまり

④ 68.3 ÷ 21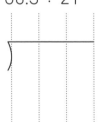

⑤ 73.6 ÷ 14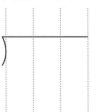

⑥ 55.9 ÷ 13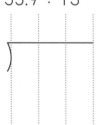

あまり

あまり

あまり

⑦ 84.6 ÷ 32

⑧ 60.7 ÷ 21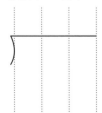

⑨ 70.8 ÷ 16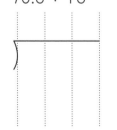

あまり

あまり

あまり

---

13 小数のかけ算とわり算
小数のわり算（18）

名前

① 7mのリボンを4人で等分します。
1人分は何mになりますか。

式

答え

② わりきれるまで計算しましょう。

① 12 ÷ 8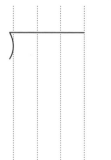

② 30 ÷ 4

③ 60 ÷ 8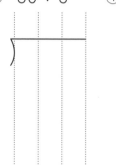

④ 12 ÷ 5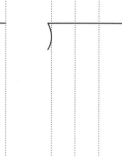

⑤ 4 ÷ 25

⑥ 7 ÷ 28

⑦ 12 ÷ 75

⑧ 15 ÷ 12

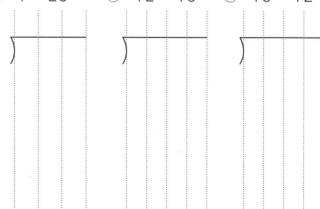

● わりきれるまで計算しましょう。

① 11 ÷ 5

② 34 ÷ 8
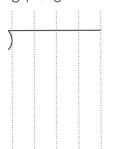

③ 9 ÷ 4

④ 21 ÷ 4
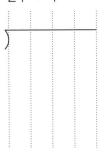

⑤ 4 ÷ 16

⑥ 54 ÷ 36

⑦ 43 ÷ 25

⑧ 17 ÷ 8
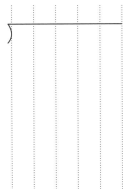

⑨ 27 ÷ 72

● わりきれるまで計算しましょう。

① 7.5 ÷ 6

② 8.7 ÷ 5

③ 5.4 ÷ 8
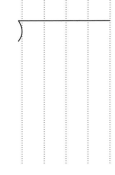

④ 58.8 ÷ 12
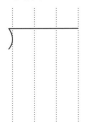

⑤ 0.6 ÷ 24
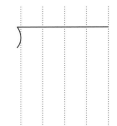

⑥ 0.9 ÷ 12
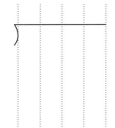

⑦ 26.4 ÷ 32
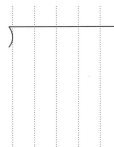

⑧ 9.6 ÷ 75
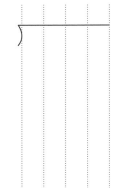

⑨ 44.1 ÷ 12
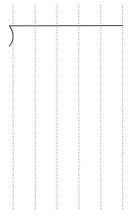

1 わりきれるまで計算しましょう。

① 6.9 ÷ 4　　② 1.53 ÷ 6　　③ 79.1 ÷ 5　　④ 1.4 ÷ 8

⑤ 85.8 ÷ 44　　⑥ 5.74 ÷ 35　　⑦ 4.06 ÷ 28

2 下のわり算で、わりきれるのは、□がどんな数のときですか。
□にあてはまる数を、 からすべて選んで書きましょう。

1 2 3 4 5 6 7 8 9

1.4 ÷ □

1 19mのリボンを7人で分けます。1人分は何mになりますか。
答えは、四捨五入して、上から2けたのがい数で求めましょう。

式

答え

2 次のわり算の商を四捨五入して、上から2けたのがい数で求めて、
□に書きましょう。

① 16.5 ÷ 7　　② 7.03 ÷ 6　　③ 26.2 ÷ 9

④ 36.2 ÷ 17　　⑤ 28.7 ÷ 26　　⑥ 80.9 ÷ 28

① 商を四捨五入して，上から 2 けたのがい数で求めて，□に書きましょう。

① 17 ÷ 3

② 145 ÷ 45
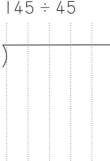

③ 70.9 ÷ 28

② 商を四捨五入して，$\frac{1}{10}$ の位までのがい数で求めて，□に書きましょう。

① 7 ÷ 12
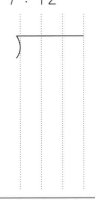

② 73.4 ÷ 18

③ 26.3 ÷ 28
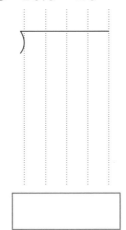

① 80cm は，50cm の何倍ですか。

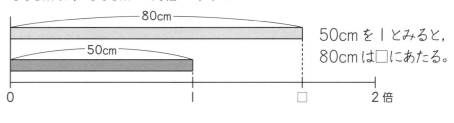

50cm を 1 とみると，80cm は□にあたる。

式

答え

② 50cm は，20cm の何倍ですか。

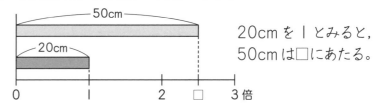

20cm を 1 とみると，50cm は□にあたる。

式

答え

③ 180cm は，40cm の何倍ですか。

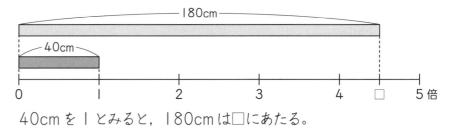

40cm を 1 とみると，180cm は□にあたる。

式

答え

13 小数のかけ算とわり算
小数の倍（2）

名前

① 40mは，80mの何倍ですか。

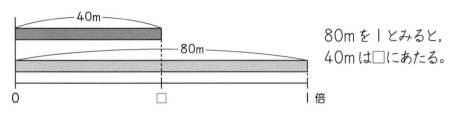

80mを1とみると，
40mは□にあたる。

式

答え_____

② 60mは，100mの何倍ですか。

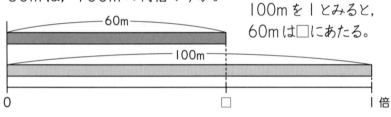

100mを1とみると，
60mは□にあたる。

式

答え_____

③ 40mは，50mの何倍ですか。

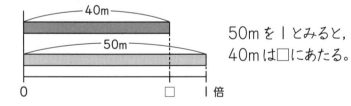

50mを1とみると，
40mは□にあたる。

式

答え_____

13 小数のかけ算とわり算
小数の倍（3）

名前

① ケーキのねだんは450円，ハンバーガーのねだんは180円です。
ケーキのねだんは，ハンバーガーのねだんの何倍ですか。

式

答え_____

② やかんには8L，ポットには4Lの水が入ります。
ポットに入る水は，やかんに入る水の何倍ですか。

式

答え_____

③ 大根の重さは1500g，キャベツの重さは1200gです。
キャベツの重さは，大根の重さの何倍ですか。

式

答え_____

① 体重 40kg の人は，１日に 1.4L の水をとるといわれています。
１週間では，何 L の水をとることになりますか。
また，１か月（30 日）では，何 L の水をとることになりますか。

式

　　　　　　答え１週間　　　　　　　　，１か月

② 次の計算を筆算でしましょう。

①　4.7 × 6　　　　②　7.83 × 4　　　　③　0.94 × 5

④　1.25 × 8　　　　⑤　0.15 × 7　　　　⑥　3.05 × 4

⑦　8.03 × 34　　　⑧　93.6 × 62　　　⑨　2.75 × 84

　　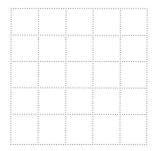

① 計算をしましょう。

①　0.3 × 2 + 8　　　　②　1.5 + 1.5 × 8

③　(3.6 + 4) × 9　　　　④　(8.2 − 1.62) × 5

② 2.4m の 25 倍は，何 m ですか。

式

　　　　　　　　　　　　　　　答え

③ １さつ 0.75kg の百科事典が 24 さつあります。
全部の重さは何 kg ですか。

式

　　　　　　　　　　　　　　　答え

月　日

13 ふりかえり・たしかめ (3)
小数のかけ算とわり算

名前

① 4.2 ÷ 6　② 10.8 ÷ 27　③ 0.63 ÷ 9　④ 0.48 ÷ 12

⑤ 8.4 ÷ 7　⑥ 28.8 ÷ 8　⑦ 53.2÷14　⑧ 9.18÷34

⑨ 62.9 ÷ 37　⑩ 87.6 ÷ 4　⑪ 25.08 ÷ 12　⑫ 62.79 ÷ 273

月　日

13 ふりかえり・たしかめ (4)
小数のかけ算とわり算

名前

1　商は一の位(くらい)まで求(もと)め，あまりも出しましょう。
また，けん算もしましょう。

① 40.7 ÷ 6　② 87.1 ÷ 4　③ 76.5 ÷ 25

あまり　あまり　あまり

けん算　①（　　）
②（　　）
③（　　）

2　6mの金ぞくのぼうの重さをはかったら，10.5kgでした。
このぼう1mの重さはおよそ何kgですか。
答えは四捨五入(ししゃごにゅう)して，$\frac{1}{10}$の位までのがい数で求めましょう。

式

答え

① わりきれるまで計算しましょう。

① 1.7÷5　② 18÷24　③ 5.2÷8　④ 72÷75

② 次の筆算はまちがっています。その理由を下から選んで，□に記号を書き，正しく直しましょう。

①　□

```
  1.2 5
×     4
  5.0 0
```

②　□

```
  0.2 1 6
×     1 4
    8 6 4
  2 1 6
  3 0.2 4
```

③　□

```
        1 7 5
    4)7
      4
      3 0
      2 8
        2 0
        2 0
          0
```

⑦　小数点の位置がちがう。
⑥　0 を消していない。
⑦　小数点がない。

● 右の図のような金色，銀色，銅色の 3 本のテープがあります。

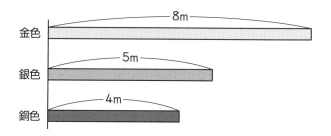

金色 —8m—
銀色 —5m—
銅色 —4m—

① 金色のテープの長さは，銀色のテープの長さの何倍ですか。

式

答え＿＿＿＿＿＿＿

② 銅色のテープの長さは，金色のテープの長さの何倍ですか。

式

答え＿＿＿＿＿＿＿

③ 銅色のテープの長さは，銀色のテープの長さの何倍ですか。

式

答え＿＿＿＿＿＿＿

13 まとめのテスト
小数のかけ算とわり算

[知識・技能]

1 かけ算をしましょう。(5×6)

① 4.8 × 6

② 0.23 × 9

③ 8.4 × 27

④ 4.5 × 94

⑤ 0.75 × 27

⑥ 0.07 × 13

2 わりきれるまで計算しましょう。(5×4)

① 1 ÷ 4

② 9.3 ÷ 5

③ 3.4 ÷ 8

④ 14.4 ÷ 32

[思考・判断・表現]

3 18mのリボンを12人で等分します。1人分は何mになりますか。(5×2)

式

答え

4 1こ0.26kgのかんづめが25こあります。全部の重さは何kgですか。(5×2)

式

答え

5 19.4mのロープを3mずつに切ります。3mのロープは何本できて、何mあまりますか。(5×2)

式

答え

6 12Lで10kgの油があります。この油1Lの重さは何kgですか。答えは四捨五入して、$\frac{1}{10}$ の位までのがい数で求めましょう。(5×2)

式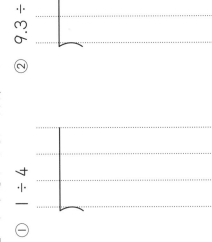

答え

7 3kgは5kgの何倍ですか。(5×2)

式

答え

どんな計算になるのかな？
どんな計算になるのかな？（1）

① ペットボトルを 12 本買いました。ペットボトル 1 本には，水が 1.5L 入っています。水は全部で何 L になりますか。

式

答え ＿＿＿＿＿＿＿＿

② 21.5m のロープがあります。なわとびをするのに，3m ずつに切ります。3m のロープは何本できて，何 m あまりますか。

式

答え ＿＿＿＿＿＿＿＿

③ 小麦こが 4kg ありました。料理に 1.34kg 使いました。小麦こは何 kg 残っていますか。

式

答え ＿＿＿＿＿＿＿＿

どんな計算になるのかな？
どんな計算になるのかな？（2）

① ふみやさんの体重は 35.4kg です。生まれたときの体重は 3kg でした。ふみやさんの体重は，何倍になりましたか。

式

答え ＿＿＿＿＿＿＿＿

② 公園のしばふの広場は長方形で，面積は 25a あります。たての長さが 40m です。横の長さは何 m ですか。

式

答え ＿＿＿＿＿＿＿＿

③ 500 円で 1 こ 65 円の玉ねぎを 3 こ買いました。残りのお金で，1 こ 45 円のじゃがいもを買います。じゃがいもは，何こ買うことができますか。

式

答え ＿＿＿＿＿＿＿＿

① 次の形を何といいますか。(　　)にあてはまることばを書きましょう。

(　　　　　　　　)…長方形だけ，または，長方形と正方形で
かこまれた形

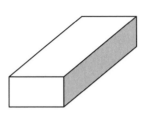 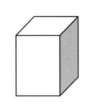

(　　　　　　　　)…正方形だけでかこまれた形

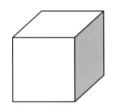 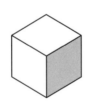

② 下の2つの立体は，直方体とも立方体ともいえません。
その理由を書きましょう。

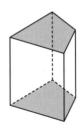 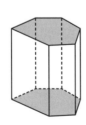

(　　　　　　　　　　　　　　　　　　　　　　　　　　)

① 直方体と立方体の面，辺，頂点それぞれの数を，下の表に
まとめましょう。

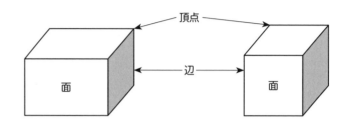

	面の数	辺の数	頂点の数
直方体			
立方体			

② 直方体と立方体の面と辺について，(　　)にあてはまる数を
書きましょう。

(長方形の面だけでかこまれた) 直方体

面…形も大きさも同じ面が，(　　　　　)つずつ(　　　　　)組ある。

辺…長さの等しい辺が，(　　　　　)つずつ(　　　　　)組ある。

立方体

面…形も大きさも同じ面が，(　　　　　)つある。

辺…長さの等しい辺が，(　　　　　)本ある。

□1　下の直方体には，どんな形の面が，それぞれいくつありますか。
（　）にあてはまる数を書きましょう。

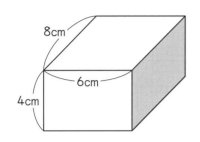

たて（　　　）cm，横（　　　　　）cm の長方形の面が，（　　　　）つ

たて（　　　）cm，横（　　　　　）cm の長方形の面が，（　　　　）つ

たて（　　　）cm，横（　　　　　）cm の長方形の面が，（　　　　）つ

□2　下の直方体には，それぞれどんな長さの辺がいくつありますか。

①
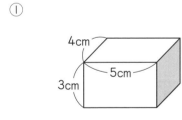

②
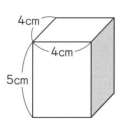

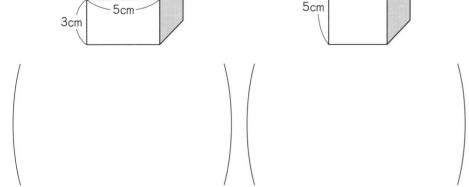

● 次の直方体の展開図の続きをかきましょう。

①
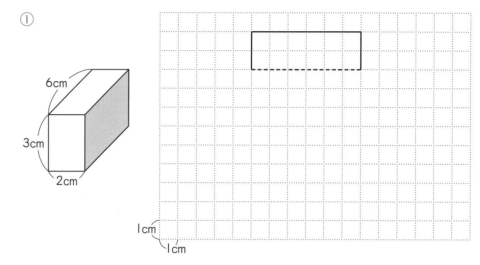

②
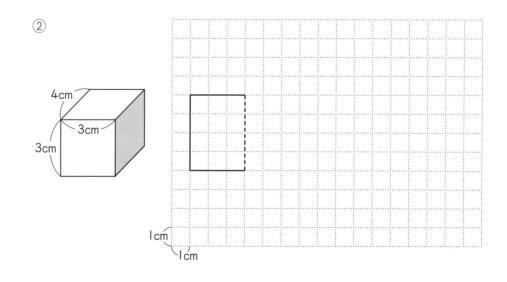

87

● 次の直方体の展開図の続きをかきましょう。

①

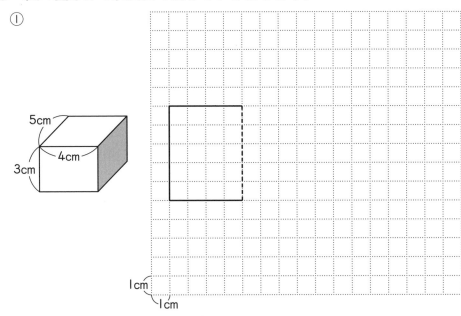

トライ ② 1つの頂点に
集まっている
3つの辺が，
4cm，4cm，
3cmの直方体

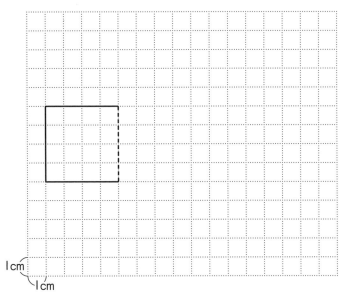

● 下の図の中で，組み立てたら直方体になる展開図はどれですか。
□に記号を書きましょう。

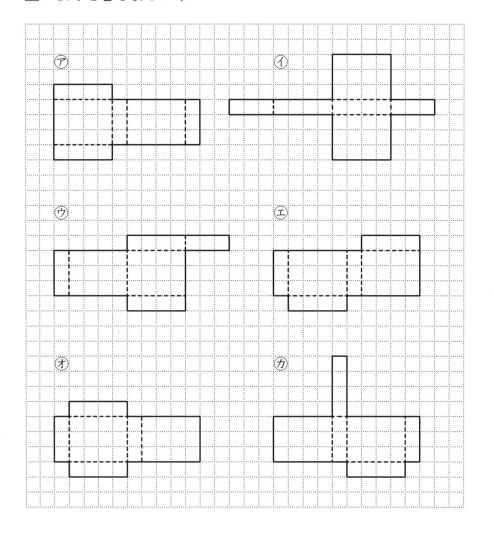

● 次の立方体の展開図の続きをかきましょう。

①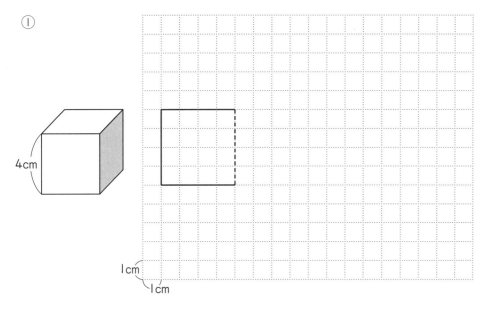

4cm

1cm
1cm

トライ ② 1辺の長さが
3cmの立方体

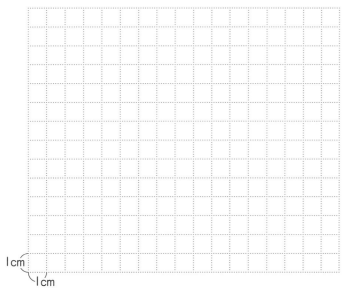

1cm
1cm

● 下の図の中で，立方体の展開図として正しいのはどれですか。
□に記号を書きましょう。

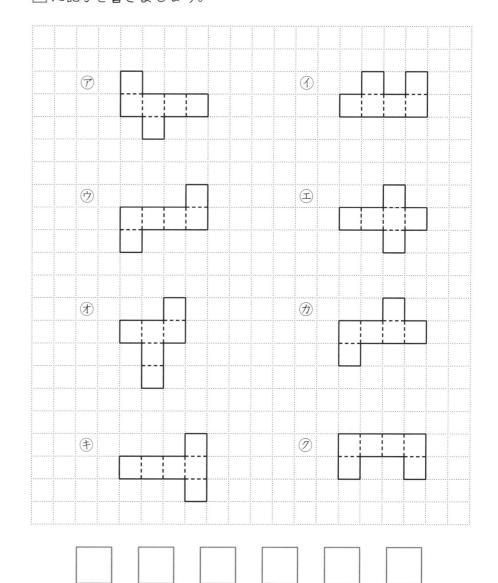

㋐　　　　　　　　㋑

㋒　　　　　　　　㋓

㋔　　　　　　　　㋕

㋖　　　　　　　　㋗

□ □ □ □ □ □

89

● 下の，直方体の展開図を組み立てます。下の問いに答えましょう。

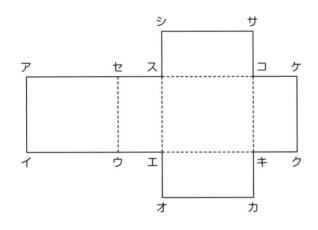

① 点シと重なる点はどれですか。　点（　　　）

② 点アと重なる点はどれですか。　点（　　　）　点（　　　）

③ 点カと重なる点はどれですか。　点（　　　）　点（　　　）

④ 辺ウエと重なる辺はどれですか。　辺（　　　　）

⑤ 辺ケクと重なる辺はどれですか。　辺（　　　　）

⑥ 辺サシと重なる辺はどれですか。　辺（　　　　）

● 直方体の面と面の，垂直や平行について答えましょう。

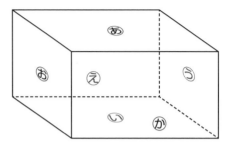

① 面⒤に垂直な面をすべて書きましょう。

面（　　　）面（　　　）面（　　　）面（　　　）

② 面⒪に垂直な面をすべて書きましょう。

面（　　　）面（　　　）面（　　　）面（　　　）

③ 面⒜に平行な面を書きましょう。

面（　　　）

④ 面⒰に平行な面を書きましょう。

面（　　　）

⑤ 直方体には，平行な2つの面が何組ありますか。

（　　　）組

90

14 直方体と立方体
面や辺の垂直，平行 (2)

名前

● 直方体の辺と辺の，垂直や平行について答えましょう。

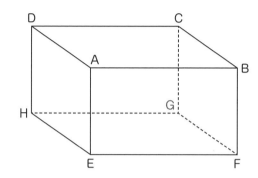

① 頂点Aを通って，辺AEに垂直な辺をすべて書きましょう。

辺（　　　　　）辺（　　　　　）

② 頂点Fを通って，辺FGに垂直な辺をすべて書きましょう。

辺（　　　　　）辺（　　　　　）

③ 辺ABに平行な辺をすべて書きましょう。

辺（　　　　　）辺（　　　　　）辺（　　　　　）

④ 辺BFに平行な辺をすべて書きましょう。

辺（　　　　　）辺（　　　　　）辺（　　　　　）

⑤ 直方体には，平行な辺がそれぞれいくつずつ何組ありますか。

（　　　）つずつ（　　　）組

---

14 直方体と立方体
面や辺の垂直，平行 (3)

名前

● 直方体の面と辺の，垂直や平行について答えましょう。

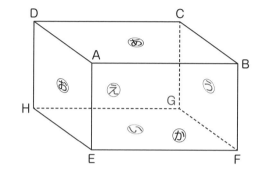

① 面あに垂直な辺をすべて書きましょう。

辺（　　　）辺（　　　）辺（　　　）辺（　　　）

② 面あに平行な辺をすべて書きましょう。

辺（　　　）辺（　　　）辺（　　　）辺（　　　）

③ 辺AEに垂直な面をすべて書きましょう。

面（　　）面（　　）

④ 辺AEに平行な面をすべて書きましょう。

面（　　）面（　　）

14 直方体と立方体
面や辺の垂直，平行（4）

● 下の図の続きをかいて，見取図を完成させましょう。

①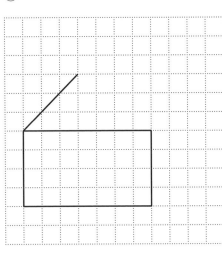

②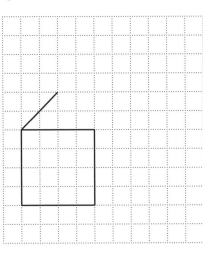

③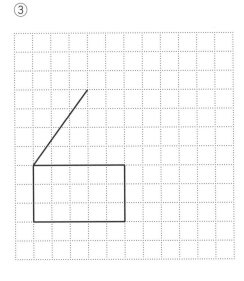

④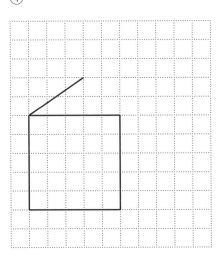

14 直方体と立方体
面や辺の垂直，平行（5）

● 下の図の続きをかいて，見取図を完成させましょう。

①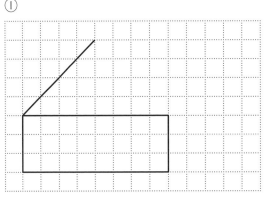

②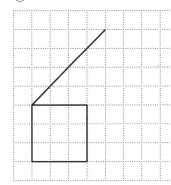

トライ ③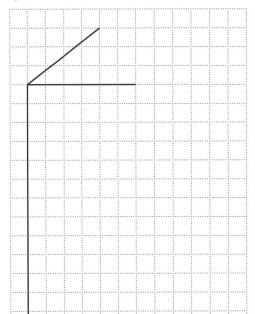

トライ ④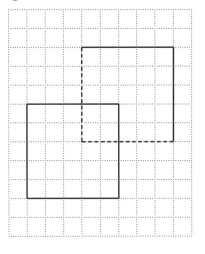

● 平面上の点の位置を表しましょう。

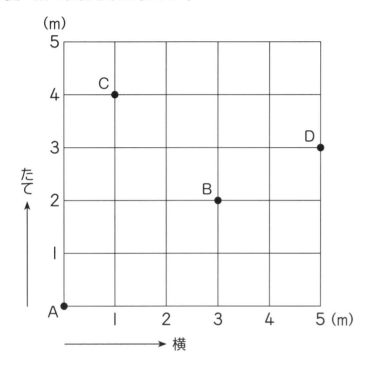

① 点B，C，Dの位置を，点Aをもとにして，横とたての長さで表しましょう。

点B（横　　　　m，たて　　　　m）

点C（横　　　　m，たて　　　　m）

点D（横　　　　m，たて　　　　m）

② 点E（横2m，たて5m）を，上の図の中にかきましょう。

● 下の図で，空間にある⑦～㋓の位置を，点Aをもとにして，横とたての長さと高さで表しましょう。

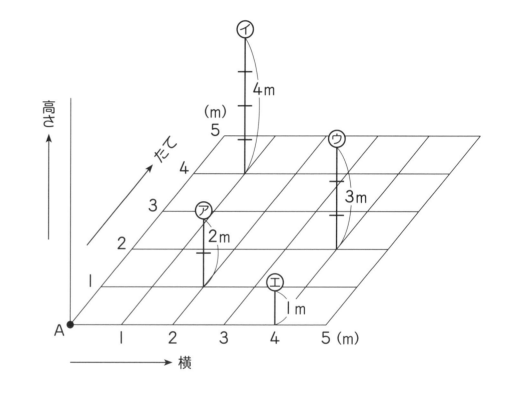

⑦（横　　　　m，たて　　　　m，高さ　　　　m）

㋑（横　　　　m，たて　　　　m，高さ　　　　m）

㋒（横　　　　m，たて　　　　m，高さ　　　　m）

㋓（横　　　　m，たて　　　　m，高さ　　　　m）

● 下の，立方体の展開図を組み立てます。

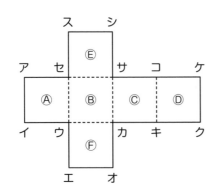

① 次の点と重なる点を書きましょう。

点シ（　　　　　　）　　点エ（　　　　　　）（　　　　　　）

② 次の辺と重なる辺を書きましょう。

辺アイ（　　　　　　）　　辺エオ（　　　　　　）

③ 次の面に平行な面を書きましょう。

面Ｆ（　　　　　　）　　面Ａ（　　　　　　）

④ 面Ｃに垂直な面を書きましょう。

（　　　　　　）（　　　　　　）（　　　　　　）（　　　　　　）

⑤ 辺サコに垂直な面を書きましょう。

（　　　　　　）（　　　　　　）

1 直方体の，見取図と展開図の続きをかきましょう。

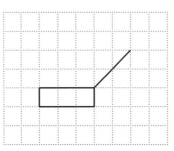 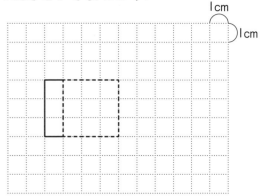

2 下の直方体で，頂点Ａをもとにしたときの位置について考えましょう。

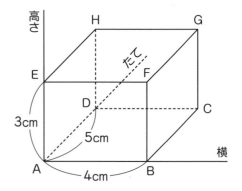

① 次の位置にある頂点はどれですか。

㋐ （横 4cm, たて 0cm, 高さ 3cm）　　頂点（　　　　　）

㋑ （横 0cm, たて 5cm, 高さ 0cm）　　頂点（　　　　　）

② 頂点Ｇの位置を表しましょう。

頂点Ｇ（横　　　　cm, たて　　　　cm, 高さ　　　　cm）

名前

⑭ まとめのテスト
直方体と立方体

[知識・技能]

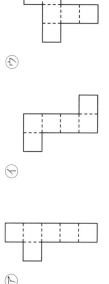

1 直方体と立方体について、面、辺、頂点の数を書きましょう。(3×6)

① 面
直方体（　　）　立方体（　　）

② 辺
直方体（　　）　立方体（　　）

③ 頂点
直方体（　　）　立方体（　　）

2 直方体の面や辺の、垂直、平行について答えましょう。(2×14)

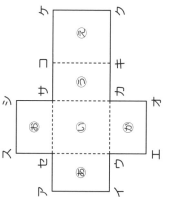

① 平行な面は何組ありますか。
（　　）組

② 面あに垂直な面をすべて書きましょう。
面（　　）面（　　）
面（　　）面（　　）

③ 辺ABに平行な辺をすべて書きましょう。
辺（　　）辺（　　）
辺（　　）

④ 頂点Eを通って、辺AEに垂直な辺をすべて書きましょう。
辺（　　）辺（　　）

⑤ 面かに垂直な辺をすべて書きましょう。
辺（　　）辺（　　）
辺（　　）辺（　　）

3 続きをかいて、見取図を完成させましょう。(4)

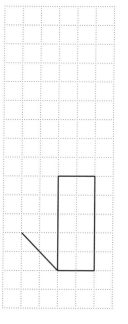

[思考・判断・表現]

4 立方体の展開図として正しいものを3つ選んで、□に記号を書きましょう。(5×3)

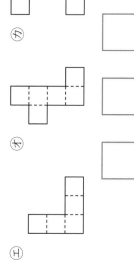

（ア）（イ）（ウ）
（エ）（オ）（カ）

□　□　□

5 下の、直方体の展開図を組み立てます。

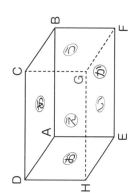

① 次の点と重なる点を書きましょう。(3×3)
点シ　点エ
点（　　）　点（　　）　点（　　）

② 次の辺と重なる辺を書きましょう。(3×2)
辺アイ　辺スン
辺（　　）　辺（　　）

③ 面いと平行になる面を書きましょう。(5)
面（　　）

④ 面あと垂直になる面をすべて書きましょう。(3×4)
面（　　）面（　　）面（　　）面（　　）

⑤ 組み立てたとき辺ケコに平行になる辺に○をしましょう。(3)
辺スセ（　　）辺クカ（　　）辺アイ（　　）

🌱 4年のふくしゅう (1)

名前

① 数字で書きましょう。

① 四千二百七十九億五千百三十万

② 六十兆三千四百八十二億七千万

③ 七百九兆二千百六十億五千万

④ 千百兆百六十三億

② 下の数について答えましょう。

7	0	5	1	4	8	0	0	0	0	0	0	0

① 数の読みを漢字でかきましょう。

(　　　　　　　　　　　　　　　　　　　　　　　)

② いちばん左の7は, 何の位の数字ですか。　(　　　　　　　　)

③ 4は, 何が4こあることを表していますか。　(　　　　　　　)

🌱 4年のふくしゅう (2)

名前

① 次の計算を筆算して, 積を求めましょう。

① 764 × 385　　② 509 × 236　　③ 867 × 704

② 次の数を四捨五入して,(　　)の中の位までのがい数にしましょう。

① 5640 （千の位）

② 78903 （千の位）

③ 82764 （一万の位）

④ 154862 （一万の位）

⑤ 2781249 （十万の位）

⑥ 5642765 （十万の位）

4年のふくしゅう (3)

名前

● わり算をしましょう。商は整数で求め、わりきれないときは
あまりも出しましょう。

① 72 ÷ 6　② 93 ÷ 7　③ 862 ÷ 3　④ 824 ÷ 4

⑤ 98 ÷ 24　⑥ 98 ÷ 14　⑦ 176 ÷ 24　⑧ 438 ÷ 73

⑨ 724 ÷ 21　⑩ 837 ÷ 31　⑪ 1884 ÷ 314　⑫ 15484 ÷ 172

4年のふくしゅう (4)

名前

① 正しいじゅんじょで計算をしましょう。

①　(80 + 20) ÷ 5 =

②　80 + 20 ÷ 5 =

③　24 ÷ 6 + 2 × 3 =

④　24 ÷ (6 + 2) × 3 =

⑤　24 ÷ (6 + 2 × 3) =

⑥　(24 ÷ 6 + 2) × 3 =

② くふうして計算します。□にあてはまる数を書きましょう。

①　7 × 106 = 7 × □ + 7 × 6

　　= □

②　4 × 67 × 25 = 67 × □

　　= □

4年のふくしゅう (5)

名前

1　下の数直線の㋐〜㋔が表す小数を書きましょう。

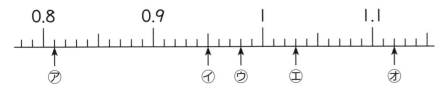

㋐ (　　　　　)　㋑ (　　　　　)　㋒ (　　　　　)

㋓ (　　　　　)　㋔ (　　　　　)

2　計算をしましょう。

① 4.86 + 3.07　　② 9.8 + 0.27　　③ 17.56 + 4.545

④ 0.268 + 0.742　⑤ 1.92 − 0.82　⑥ 7.3 − 1.93

⑦ 10 − 6.03　　⑧ 7 − 6.38

4年のふくしゅう (6)

名前

● 次の計算を筆算でしましょう。

① 1.6 × 9　　　② 52.4 × 6　　　③ 2.5 × 8

④ 8.06 × 7　　　⑤ 9.52 × 56　　⑥ 2.06 × 45

⑦ 7.2 ÷ 3　　　⑧ 62.4 ÷ 8　　　⑨ 60.2 ÷ 7

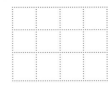　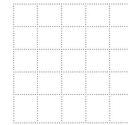　

⑩ 13.6 ÷ 17　　⑪ 17.5 ÷ 25　　⑫ 89.6 ÷ 28

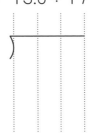　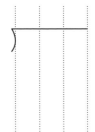　

4年のふくしゅう (7)

1　帯分数は仮分数に，仮分数は帯分数になおしましょう。

① $1\frac{2}{3}$（　　　　）　　② $4\frac{2}{5}$（　　　　）　　③ $3\frac{5}{6}$（　　　　）

④ $\frac{5}{2}$（　　　　）　　⑤ $\frac{16}{7}$（　　　　）　　⑥ $\frac{27}{8}$（　　　　）

2　計算をしましょう。

① $\frac{4}{5}+\frac{3}{5}$　　　　　　② $2\frac{2}{7}+3\frac{3}{7}$

③ $4\frac{2}{9}+\frac{5}{9}$　　　　　　④ $\frac{7}{8}+2\frac{3}{8}$

⑤ $4\frac{3}{4}-1\frac{1}{4}$　　　　　　⑥ $5\frac{7}{8}-\frac{5}{8}$

⑦ $2\frac{1}{3}-\frac{2}{3}$　　　　　　⑧ $3\frac{1}{5}-\frac{4}{5}$

4年のふくしゅう (8)

1　次の角度は何度ですか。

①　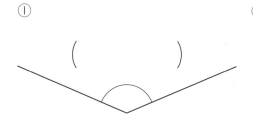（　　　　）　　②　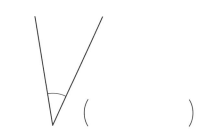（　　　　）

③　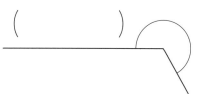（　　　　）　　④　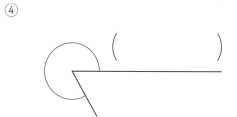（　　　　）

2　次の角度を書きましょう。
（・を中心にして，矢印の方向にかきましょう。）

① 40°　　　　　　　　② 145°

③ 200°　　　　　　　④ 290°

4年のふくしゅう (9)

● 次のような四角形をかきましょう。
また，かいた四角形の名前も書きましょう。

①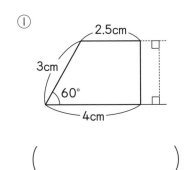

2.5cm
3cm
60°
4cm

(　　　　　　　)

②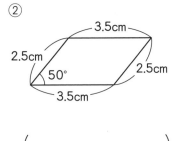

3.5cm
2.5cm
50°
2.5cm
3.5cm

(　　　　　　　)

③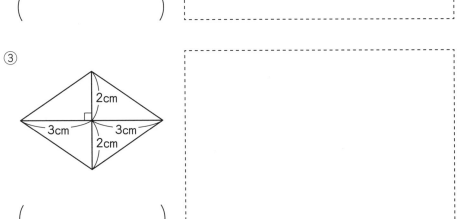

2cm
3cm　3cm
2cm

(　　　　　　　)

4年のふくしゅう (10)

● ①～④の特ちょうがいつでもあてはまる四角形を，下から選んですべて書きましょう。

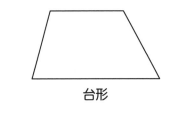
台形

平行四辺形

ひし形

長方形

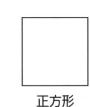
正方形

① 2本の対角線の長さが等しい四角形

(　　　　　　　　　　　　　　　　　　　)

② 2本の対角線が垂直に交わる四角形

(　　　　　　　　　　　　　　　　　　　)

③ 2本の対角線が，それぞれの真ん中の点で交わる四角形

(　　　　　　　　　　　　　　　　　　　)

④ 対角線が交わった点から，4つの頂点までの長さが等しい四角形

(　　　　　　　　　　　　　　　　　　　)

4年のふくしゅう（11）

名前

1 右の直方体を見て答えましょう。

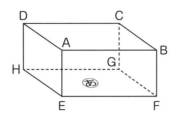

① 頂点Aか頂点Bを通って，辺ABに垂直な辺をすべて書きましょう。

（　　　　　　　　　　　　　）

② 面あに垂直な辺をすべて書きましょう。

（　　　　　　　　　　　　　）

③ 辺ABに平行な辺をすべて書きましょう。

（　　　　　　　　　　　　　）

2 下の図の中で，立方体の展開図として正しいのはどれですか。□に記号を書きましょう。

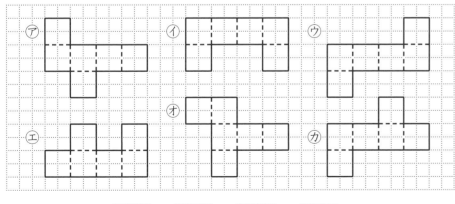

□　□　□　□

4年のふくしゅう（12）

名前

1 次の面積を求めましょう。

① たて12cm，横9cmの長方形

式

答え＿＿＿＿＿＿＿＿＿

② 1辺が15cmの正方形

式

答え＿＿＿＿＿＿＿＿＿

③ たて80cm，横2mの長方形

式

答え＿＿＿＿＿＿＿＿＿

2 右の形の，色のついた部分の面積を求めましょう。

式

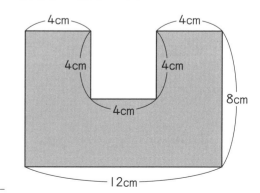

答え＿＿＿＿＿＿＿＿＿

● たての長さを 3cm と決めて，横の長さを変えて長方形を
つくります。

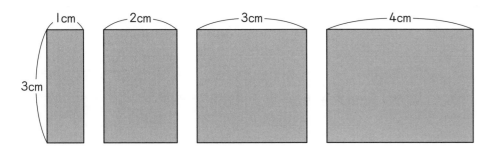

① 長方形の横の長さと面積の関係を，表に表しましょう。

横の長さ (cm)	1	2	3	4	5	6	
面　積 (cm²)							

② 横の長さを □ cm，面積を ○ cm² として，□ と ○ の関係を式に
表しましょう。

$$○ = (\qquad\qquad)$$

③ 横の長さが 18cm のとき，面積は何 cm² ですか。

$$(\qquad\qquad)$$

④ 面積が 81cm² のときの横の長さは何 cm ですか。

$$(\qquad\qquad)$$

● 右の折れ線グラフ
を見て答えましょう。

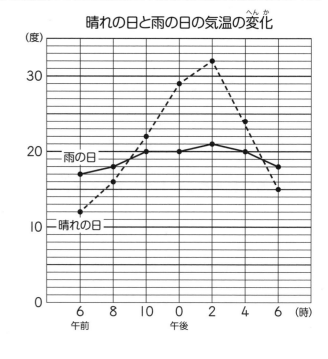

晴れの日と雨の日の気温の変化

① 晴れの日の気温の
上がり方がいちばん
大きいのは，何時と
何時の間ですか。

$$(\qquad\qquad)$$

② 晴れの日の午前 9 時の気温は，
何度くらいと考えられますか。　$(\qquad)$

③ 晴れの日と雨の日の気温の変わり方について，気がついたことを
書きましょう。

$$(\qquad\qquad\qquad\qquad)$$

P.4

8 計算のきまり　計算のじゅんじょ (1)　名前　月　日

① まさきさんは，280円のミックスサンドと140円のジュースを買って，500円玉を出しました。おつりは何円ですか。

① ミックスサンドとジュースの代金は，あわせて何円ですか。
式 280+140=420
答え 420円

② おつりは何円になりますか。
式 500−420=80
答え 80円

③ ①と②を（　）を使って1つの式に表しましょう。
式 500−(280+140)=80

② ゆきさんは，150円のパンと110円の牛にゅうを買って，500円玉を出しました。おつりは何円ですか。（　）を使った1つの式に書いて求めましょう。
式 500−(150+110)=240
答え 240円

8 計算のきまり　計算のじゅんじょ (2)　名前

● 計算をしましょう。

① 500 − (120 + 160) 　220

② 1000 − (400 + 300) 　300

③ 1000 − (520 + 170) 　310

④ 120 × (14 − 9) 　600

⑤ 20 × (36 + 4) 　800

⑥ (38 + 12) × 24 　1200

⑦ 80 ÷ (3 + 17) 　4

4

P.5

8 計算のきまり　計算のじゅんじょ (3)　名前　月　日

● 計算をしましょう。

① 500 − (270 − 70) 　300

② (292 + 92) ÷ 32 　12

③ (575 + 145) ÷ 45 　16

④ 900 − (500 + 50) + 90 　440

⑤ 400 − (90 + 60) + 70 　320

⑥ 280 ÷ (22 + 18) + 20 　27

⑦ 510 ÷ (11 + 19) + 20 　37

8 計算のきまり　計算のじゅんじょ (4)　名前

● 1つの式に表して，答えを求めましょう。

式の中のかけ算やわり算はひとまとまりの数とみて，（　）を省いて書いてもいいよ。

① 20円のあめを4こ買って，100円玉を出しました。おつりはいくらですか。
式 100−20×4=20
答え 20円

② 赤の色紙を30まい全部と，青の色紙を24まいの半分もらいました。もらった色紙は，全部で何まいですか。
式 30+24÷2=42
答え 42まい

③ 150円のお茶を1本と，1こ120円のパンを2こ買いました。代金は何円になりますか。
式 150+120×2=390
答え 390円

5

P.6

8 計算のきまり　計算のじゅんじょ (5)　名前　月　日

● 計算をしましょう。
① 6 + 4 × 5 　26
② 100 − 50 ÷ 5 　90
③ 50 − 6 × 7 　8
④ 15 + 35 ÷ 5 　22
⑤ 30 + 22 ÷ 2 　41
⑥ 45 − 12 × 3 　9
⑦ 28 + 4 × 15 　88
⑧ 100 − 80 ÷ 5 　84
⑨ 64 − 14 × 3 　22
⑩ 175 − 100 ÷ 5 　155

8 計算のきまり　計算のじゅんじょ (6)　名前

● 計算をしましょう。
① 80 + 15 × 8 　200
② 460 + 28 × 5 　600
③ 720 − 360 ÷ 18 　700
④ 180 − 120 ÷ 15 　172
⑤ 14 + 16 ÷ 2 − 10 　12
⑥ 9 + 15 ÷ 3 − 4 　10
⑦ 32 + 18 ÷ 3 + 12 　50
⑧ 15 + 8 × 3 ÷ 6 　19
⑨ 16 + 7 × 6 ÷ 3 　30
⑩ 25 + 20 ÷ 5 × 7 　53

6

P.7

8 計算のきまり　計算のじゅんじょ (7)　名前　月　日

● 計算のじゅんじょのきまりをまもって計算しましょう。□にあてはまる数を書きましょう。

① 8 × 6 − 4 ÷ 2 = 48 − 2
　= 46

② 8 × (6 − 4 ÷ 2) = 8 × (6 − 2)
　= 8 × 4
　= 32

③ (8 × 6 − 4) ÷ 2 = (48 − 4) ÷ 2
　= 44 ÷ 2
　= 22

④ 8 × (6 − 4) ÷ 2 = 8 × 2 ÷ 2
　= 16 ÷ 2
　= 8

8 計算のきまり　計算のじゅんじょ (8)　名前

● 正しいじゅんじょで計算をしましょう。
① 3 × 8 − 4 ÷ 2 　22
② 3 × (8 − 4 ÷ 2) 　18
③ (3 × 8 − 4) ÷ 2 　10
④ 3 × (8 − 4) ÷ 2 　6
⑤ 9 × 8 − 6 ÷ 2 　69
⑥ 9 × (8 − 6 ÷ 2) 　45
⑦ (9 × 8 − 6) ÷ 2 　33
⑧ 9 × (8 − 6) ÷ 2 　9

7

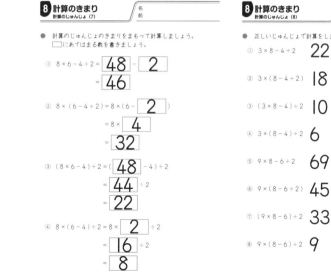

解答

P.8

8 計算のきまり 計算のじゅんじょ (9)

① 正しいじゅんじょで計算しましょう。

① 10 ÷ 2 + 4 × 3　　**17**

② 10 × 2 ÷ 4 − 3　　**2**

③ (10 − 2) ÷ 4 + 3　　**5**

④ (10 + 2) ÷ 4 − 3　　**0**

⑤ 10 × 2 − 4 × 3　　**8**

② □の中に，＋，−，×，÷のどれかを入れて，式を完成させましょう。

① 4 × 8 − 6 **÷** 3 = 30

② 4 + 8 **×** 6 ÷ 3 = 20

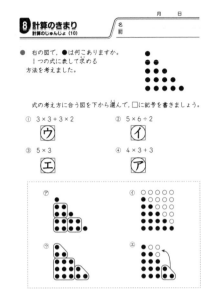

8 計算のきまり 計算のじゅんじょ (10)

● 右の図で，●は何こありますか。
1つの式に表して求める方法を考えました。

式の考え方に合う図を下から選んで，□に記号を書きましょう。

① 3 × 3 + 3 × 2　**ウ**　　② 5 × 6 ÷ 2　**イ**

③ 5 × 3　**エ**　　④ 4 × 3 + 3　**ア**

P.9

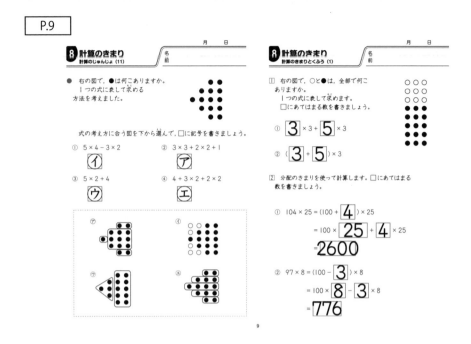

8 計算のきまり 計算のじゅんじょ (11)

● 右の図で，●は何こありますか。
1つの式に表して求める方法を考えました。

式の考え方に合う図を下から選んで，□に記号を書きましょう。

① 5 × 4 − 3 × 2　**イ**　　② 3 × 3 + 2 × 2 + 1　**ア**

③ 5 × 2 + 4　**ウ**　　④ 4 + 3 × 2 + 2 × 2　**エ**

8 計算のきまり 計算のきまりとくふう (1)

① 右の図で，○と●は，全部で何こありますか。
1つの式に表して求めます。
□にあてはまる数を書きましょう。

① **3** × 3 + **5** × 3

② (**3** + **5**) × 3

② 分配のきまりを使って計算します。□にあてはまる数を書きましょう。

① 104 × 25 = (100 + **4**) × 25
= 100 × **25** + **4** × 25
= **2600**

② 97 × 8 = (100 − **3**) × 8
= 100 × **8** − **3** × 8
= **776**

P.10

8 計算のきまり 計算のきまりとくふう (2)

● 計算のきまりを使って，答えを求めましょう。

① 48 + 77 + 23　**148**

② 53 + 5.5 + 4.5　**63**

③ 8.2 + 39 + 1.8　**49**

④ 4 × 77 × 25　**7700**

⑤ 25 × 36 × 4　**3600**

⑥ 5 × 74 × 20　**7400**

⑦ 8 × 63 × 125　**63000**

8 計算のきまり 計算のきまりとくふう (3)

① 計算のきまりを使って，答えを求めましょう。

① 88 + 66 + 34　**188**

② 59 + 9.1 + 0.9　**69**

③ 25 × 37 × 4　**3700**

④ 5 × 43 × 20　**4300**

⑤ 125 × 61 × 8　**61000**

② □にあてはまる数を書きましょう。

① 43 + 2.2 + **7.8** = 53

② 25 × 46 × **4** = 4600

P.11

8 計算のきまり 計算のきまりとくふう (4)

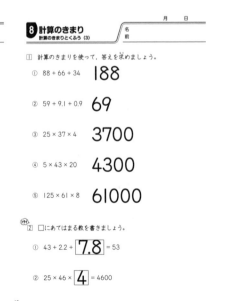

① かけ算のせいしつを使って，積を求めます。□にあてはまる数を書きましょう。

① 4 × 7 = 28 ─ **10** 倍
4 × 70 = **280**

② 4 × 7 = 28 ─ **100** 倍
40 × 70 = **2800**

② 8 × 4 = 32 をもとにして，次のかけ算の積を求めましょう。

① 16 × 4　**64**　　② 80 × 4　**320**

③ 8 × 400　**3200**　　④ 80 × 40　**3200**

③ 26 × 17 = 442 をもとにして，次のかけ算の積を求めましょう。

① 260 × 17　**4420**　　② 26 × 170　**4420**

③ 260 × 170　**44200**　　④ 52 × 17　**884**

8 チャレンジ 計算のきまり

● □の中に，＋，−，×，÷のどれかを入れて，式を完成させましょう。（　）が必要な場合はつけましょう。

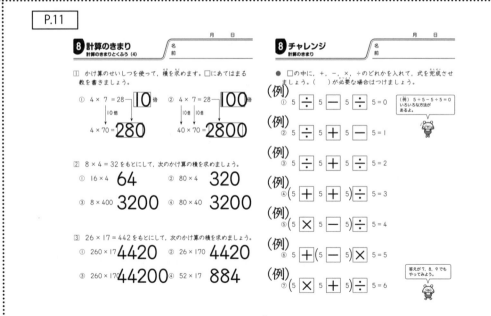

（例）
① 5 **÷** 5 **−** 5 **÷** 5 = 0
（例）5 ÷ 5 − 5 ÷ 5 = 0
いろいろな方法があるよ。

（例）
② 5 **÷** 5 **+** 5 **−** 5 = 1

（例）
③ 5 **÷** 5 **+** 5 **÷** 5 = 2

（例）
④ (5 **+** 5 **+** 5) **÷** 5 = 3

（例）
⑤ (5 **×** 5 **−** 5) **÷** 5 = 4

（例）
⑥ 5 **+** (5 **−** 5) **×** 5 = 5

（例）
⑦ (5 **×** 5 **+** 5) **÷** 5 = 6

答えが7，8，9でもやってみよう。

P.12

8 ふりかえり・たしかめ (1)
計算のきまり　名前

① 計算のじゅんじょをまちがえて計算しているのがあります。
まちがっている記号を□に書き，正しく計算した答えを
書きましょう。

⑦ 6×8−4÷2 = 22
⑦ 6×(8−4)÷2 = 12
⑦ 6＋8−4÷2 = 5
⑦ 6＋8＋4÷2 = 16

ア 正しい答え **46**　　**ウ** 正しい答え **12**

② □にあてはまる数を書きましょう。

① (20＋8)×25 = 20×25＋8×**25**

② 39×4×25 = 39×**100**

③ 102×15 = (**100**＋2)×15
　　　　　= **100**×**15**＋2×15

12

8 ふりかえり・たしかめ (2)
計算のきまり　名前

● 1つの式に表して，答えを求めましょう。

① 260円のハンバーガーを5こと，
10円のはこに入れて買いました。代金はいくらですか。

式 260×5＋10 = 1310

答え 1310円

② 260円のハンバーガーを3ことと，140円のジュースを
2本買います。代金はいくらですか。

式 260×3＋140×2 = 1060

答え 1060円

③ 260円のハンバーガーと，140円のジュースをセットにして
買います。3セット買うと，代金はいくらですか。

式 (260＋140)×3 = 1200

答え 1200円

P.13

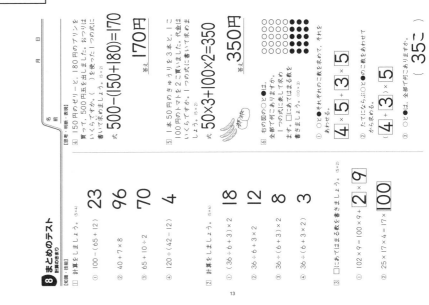

④ 150円のゼリーと，180円のプリンを
買って，500円玉を出しました。おつりは
いくらですか。（　）を使った1つの式に
書いて求めましょう。

式 500−(150＋180) = 170

答え 170円

⑤ 1本50円のきゅうりを3本と，1こ
100円のトマトを2こ買いました。代金は
いくらですか。1つの式に書いて求めま
しょう。

式 50×3＋100×2 = 350

答え 350円

⑥ 右の図の○と●は，
全部で何こありますか。
1つの式に表して求め
ます。□にあてはまる数を
書きましょう。

① ○と●をそれぞれの数を求めて，それを
あわせる。 **4** **5** ＋ **3** **5**

② ○と●にならないこの数をのぞいた数を
全体の数から求める。 (**4** ＋ **3**)**5**

③ ○と●は，全部で何こありますか。(**35** こ)

8 まとめのテスト
計算のきまり

① 計算をしましょう。
① 100−(65＋12) = **23**
② 40＋7×8 = **96**
③ 65＋10÷2 = **70**
④ 120÷(42−12) = **4**

② 計算をしましょう。
① (36＋6÷3)×2 = **18**
② 36÷6×3÷2 = **12**
③ 36÷(6＋3)×2 = **8**
④ 36÷(6×3÷2) = **3**

③ □にあてはまる数を書きましょう。
① 102×9 = 100×9＋**2** **9**
② 25×17＋4 = 17×**100**

13

P.14

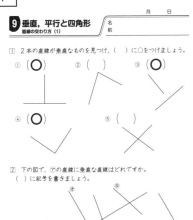

9 垂直，平行と四角形
直線の交わり方 (1)　名前

① 2本の直線が垂直なものを見つけ，（　）に○をつけましょう。
① (○)　② (　)　③ (○)
④ (○)　⑤ (　)

② 下の図で，⑦の直線に垂直な直線はどれですか。
（　）に記号を書きましょう。

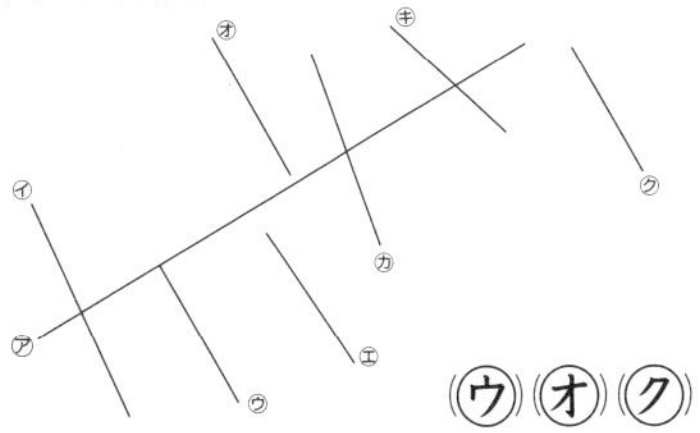

(**ウ**)(**オ**)(**ク**)

14

9 垂直，平行と四角形
直線の交わり方 (2)　名前

● 2まいの三角じょうぎを使って，点Aを通り，⑦の直線に
垂直な直線をひきましょう。

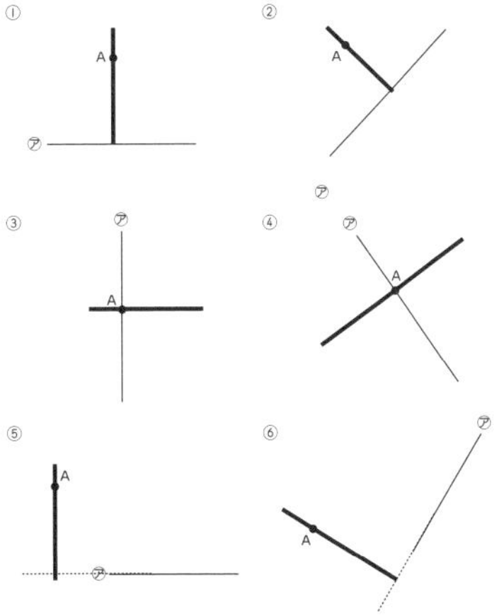

P.15

9 垂直，平行と四角形
直線のならび方 (1)　名前

① 右の図を見て，（　）の中に，垂直か平行のどちらかあてはまる
ことばを書きましょう。

直線⑦に，直線あと⑦が(**垂直**)
に交わっているとき，直線あと⑦は
(**平行**)であるといいます。

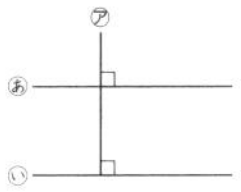

② 2本の直線が平行になっているのはどれですか。
（　）に○をつけましょう。

① (○)　② (　)　③ (○)

④ (　)　⑤ (○)　⑥ (○)

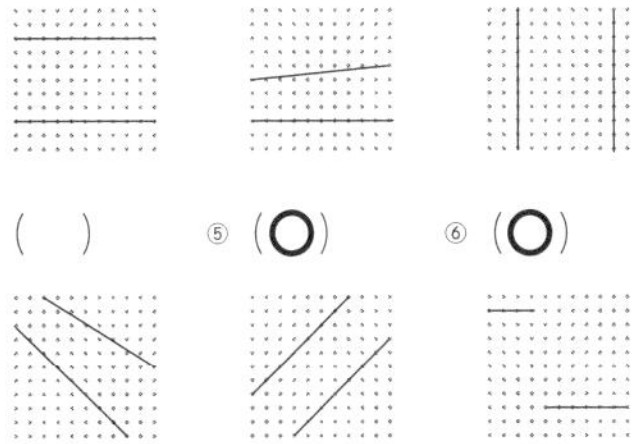

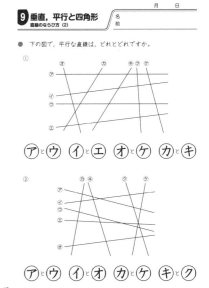

9 垂直，平行と四角形
直線のならび方 (2)　名前

● 下の図で，平行な直線は，どれとどれですか。

①
アと**ウ**　**イ**と**エ**　**オ**と**ケ**　**カ**と**キ**

②
アと**ウ**　**イ**と**オ**　**カ**と**ケ**　**キ**と**ク**

15

P.16

9 垂直，平行と四角形
直線のならび方 (3)　名前

① 下の図の直線あといは平行です。直線⑦と①と，直線⑦と⑦の長さを書きましょう。

4.5cm

直線⑦と① (4.5) cm　　直線⑦と⑦ (4.5) cm

② 下の図の直線あ，い，①は平行です。⑦と①の角度は，それぞれ何度ですか。

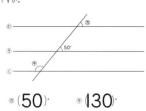

50°

⑦ (50)°　　① (130)°

9 垂直，平行と四角形
直線のならび方 (4)　名前

① ⑦と①の直線，⑦と①の直線は，それぞれ平行です。あ〜おの角度は，それぞれ何度ですか。

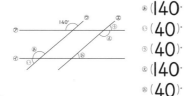

140°

あ (140)°
い (40)°
う (40)°
え (140)°
お (40)°

② ⑦と①と⑦の直線，⑦と②の直線は，それぞれ平行です。か〜この角度は，それぞれ何度ですか。

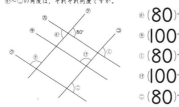

80°

か (80)°
き (100)°
く (80)°
け (100)°
こ (80)°

P.17

9 垂直，平行と四角形
直線のならび方 (5)　名前

● ２まいの三角じょうぎを使って，点Aを通り，⑦の直線に平行な直線をひきましょう。

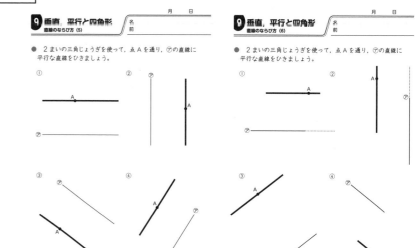

9 垂直，平行と四角形
直線のならび方 (6)　名前

● ２まいの三角じょうぎを使って，点Aを通り，⑦の直線に平行な直線をひきましょう。

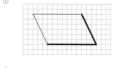

P.18

9 垂直，平行と四角形
直線のならび方 (7)　名前

● 下の図の続きをかいて，正方形を完成させましょう

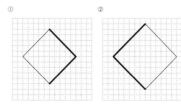

9 垂直，平行と四角形
直線のならび方 (8)　名前

● 下の図で，垂直な直線は，どれとどれですか。また，平行な直線は，どれとどれですか。（　）に記号を書きましょう。

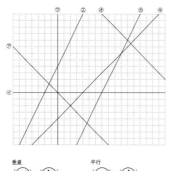

垂直
(ア)と(キ)
(イ)と(ウ)
(オ)と(キ)

平行
(ア)と(オ)
(エ)と(カ)

P.19

9 垂直，平行と四角形
いろいろな四角形 (1)　名前

① 台形と平行四辺形の説明として，正しいほうのことばを○でかこみましょう。

① 台形は，向かい合った [1組] [2組] の辺が [垂直] [平行] な四角形です。

② 平行四辺形は，向かい合った [1組] [2組] の辺が [垂直] [平行] な四角形です。

② 台形と平行四辺形は，それぞれどれですか。（　）に記号を書きましょう。

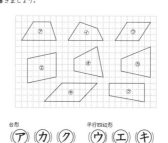

台形
(ア)(カ)(ク)

平行四辺形
(ウ)(エ)(キ)

9 垂直，平行と四角形
いろいろな四角形 (2)　名前

① 下の平行な直線を使って，台形を３つかきましょう。

略

② 次の図は，それぞれ平行四辺形の２つの辺です。続きをかいて，平行四辺形を完成させましょう。

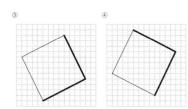

P.20

9 垂直，平行と四角形
いろいろな四角形 (3)　名前

① 平行四辺形の説明として，正しいほうのことばを○で かこみましょう。

① 向かい合った [1組 / **2組**] の辺が [**垂直** / 平行] な四角形です。

② [**となり合った** / 向かい合った] 辺の長さは等しい。

③ [となり合った / **向かい合った**] 角の大きさは等しい。

④ となり合った２つの角度をたすと [**180°** / 360°] です。

② 下の平行四辺形の，角の大きさや辺の長さを求めましょう。

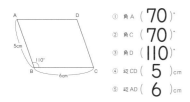

① 角A（**70**）°
② 角C（**70**）°
③ 角D（**110**）°
④ 辺CD（**5**）cm
⑤ 辺AD（**6**）cm

9 垂直，平行と四角形
いろいろな四角形 (4)　名前

● 下の図のような平行四辺形をかきましょう。

① 　略

② 　略

③ 　略

20

P.21

9 垂直，平行と四角形
いろいろな四角形 (5)　名前

● となり合う辺の長さが，4cm，5cmの平行四辺形をかきましょう。

① 角Bの大きさを40°に してかきましょう。

略

② 角Bの大きさを140°に してかきましょう。

略

③ 角Bの大きさを90°にしてかきましょう。 また，何という四角形になりますか。

略

四角形の名前
（**長方形**）

9 垂直，平行と四角形
いろいろな四角形 (6)　名前

● 下の図のような平行四辺形をかきましょう。

略

略

②

略

21

P.22

9 垂直，平行と四角形
いろいろな四角形 (7)　名前

① ひし形の説明として，正しいほうのことばを○でかこみ ましょう。

① ひし形は，4つの [**辺の長さ** / 角の大きさ] が等しい。

② ひし形の，向かい合った辺は [垂直 / **平行**] です。

③ ひし形の，[となり合った / **向かい合った**] 角の大きさは等しい。

② 下のひし形の，角の大きさや辺の長さを書きましょう。

① 角A（**120**）°
② 角B（**60**）°
③ 辺AB（**4**）cm
④ 辺CD（**4**）cm

9 垂直，平行と四角形
いろいろな四角形 (8)　名前

① 下のひし形の，角の大きさや辺の長さを書きましょう。

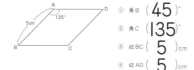

① 角B（**45**）°
② 角C（**135**）°
③ 辺BC（**5**）cm
④ 辺AD（**5**）cm

② 台形，平行四辺形，ひし形は，それぞれどれですか。 （　）に記号を書きましょう。

台形（**ウ**）（**ク**）
平行四辺形（**イ**）（**オ**）
ひし形（**ア**）（**エ**）（**キ**）

22

P.23

9 垂直，平行と四角形
いろいろな四角形 (9)　名前

● コンパスも使って，次のひし形を図の右にかきましょう。

① 1辺の長さが4cmで，1つの角が55°のひし形

　略

② 1辺の長さが4cmで，1つの角が40°のひし形

　略

③ 1辺の長さが3cmで， 1つの角が90°のひし形 また，これは何という 四角形になりますか。

略

四角形の名前
（**正方形**）

9 垂直，平行と四角形
いろいろな四角形 (10)　名前

● コンパスも使って，次のひし形をかきましょう。

① 下の図のようなひし形をかきましょう。

　略

② 必要なところの辺の長さや，角の大きさをはかってかきましょう。

　略

23

P.24

9 垂直，平行と四角形
対角線と四角形の特ちょう (1)　名前

● 次の四角形に対角線をひいて，下の問いに答えましょう。

台形　平行四辺形　ひし形

長方形　正方形

① 2本の対角線の長さが等しい四角形はどれですか。

（ 長方形 ）（ 正方形 ）

② 2本の対角線がそれぞれの真ん中の点で交わる四角形はどれですか。

（ 平行四辺形 ）（ ひし形 ）
（ 長方形 ）（ 正方形 ）

③ 2本の対角線が垂直に交わる四角形はどれですか。

（ ひし形 ）（ 正方形 ）

9 垂直，平行と四角形
対角線と四角形の特ちょう (2)　名前

● 四角形の対角線について，表にまとめます。⑦〜①の特ちょうがいつでもあてはまるものに，○を書きましょう。

四角形の名前	台形	平行四辺形	ひし形	長方形	正方形
四角形の対角線の特ちょう					
⑦ 2本の対角線の長さが等しい				○	○
④ 2本の対角線がそれぞれの真ん中の点で交わる		○	○	○	○
⑦ 対角線が交わった点から4つの頂点までの長さが等しい				○	○
① 2本の対角線が垂直に交わる			○		○

24

P.25

9 垂直，平行と四角形
対角線と四角形の特ちょう (3)　名前

● 対角線が下の図のようになる四角形の名前を書きましょう。

① 3cm 3cm 3cm 3cm
（ 正方形 ）

② 4cm 4cm
（ ひし形 ）

③ 4cm 4cm 3cm
（ 平行四辺形 ）

④ 4cm 4cm 4cm 4cm
（ 長方形 ）

⑤ 4.5cm 4.5cm 4.5cm 4.5cm
（ 長方形 ）

⑥ 5cm 5cm 3cm 5cm
（ 平行四辺形 ）

9 垂直，平行と四角形
対角線と四角形の特ちょう (4)　名前

● 四角形の特ちょうで，いつでもあてはまるものに，○を書きましょう。

四角形の名前 四角形の特ちょう	台形	平行四辺形	ひし形	長方形	正方形	等脚台形	たこ形
向かい合った1組の辺だけが平行	○					○	
向かい合った2組の辺が平行		○	○	○	○		
向かい合った辺の長さが等しい		○	○	○	○		
4本の辺の長さが等しい			○		○		
向かい合った角の大きさが等しい		○	○	○	○		
4つの角がすべて直角				○	○		
2本の対角線が垂直に交わる			○		○		○
2本の対角線の長さが等しい				○	○	○	
2本の対角線がそれぞれの真ん中の点で交わる		○	○	○	○		

25

P.26

9 ふりかえり・たしかめ (1)
垂直，平行と四角形　名前

① 2まいの三角じょうぎを使って，点Aを通り，⑦の直線に垂直な直線と，平行な直線をひきましょう。

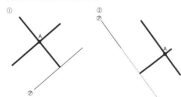

①

②

② 下の図で，平行な直線は，どれとどれですか。

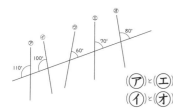

（ ⑦ とⅠ ）
（ ④ とⅠ ）

9 ふりかえり・たしかめ (2)
垂直，平行と四角形　名前

① 下の図で，垂直な直線と平行な直線は，それぞれどれとどれですか。

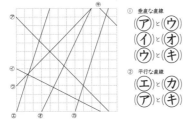

① 垂直な直線
（ ⑦ とⅠ ）
（ ④ とⅠ ）
（ ⑦ とⅠ ）

② 平行な直線
（ ① とⅠ ）
（ ⑦ とⅠ ）

② 3つの点A，B，Cを頂点とする平行四辺形を3つかきましょう。

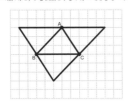

26

P.27

9 ふりかえり・たしかめ (3)
垂直，平行と四角形　名前

● 下の図のような四角形をかきましょう。

① 平行四辺形

4cm 50° 5cm

略

② ひし形
1.5cm 4cm

略

③ ひし形
3cm 110°

略

9 ふりかえり・たしかめ (4)
垂直，平行と四角形　名前

● ①〜⑥の特ちょうがいつでもあてはまる四角形を，下から選んで書きましょう。

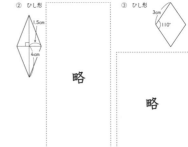

台形　平行四辺形　ひし形　長方形　正方形

① 向かい合った1組の辺だけが平行な四角形

（ 台形 ）

② 向かい合った2組の辺が平行だが，となり合った辺の長さが等しくない四角形

（ 平行四辺形 ）（ 長方形 ）

③ 4つの辺の長さが等しい四角形

（ 正方形 ）（ ひし形 ）

④ 2本の対角線の長さが等しい四角形

（ 正方形 ）（ 長方形 ）

⑤ 2本の対角線が垂直に交わる四角形

（ 正方形 ）（ ひし形 ）

⑥ 2本の対角線が，それぞれの真ん中の点で交わる四角形

（ 平行四辺形 ）（ ひし形 ）
（ 長方形 ）（ 正方形 ）

27

P.28

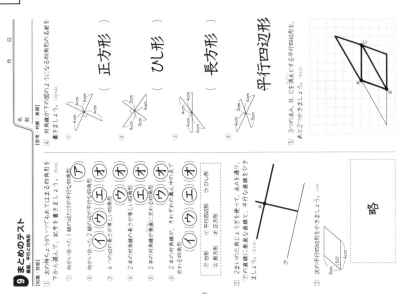

⑨ まとめのテスト 〔知識・技能〕

⑩ 分数 図形・判断・表現

P.29

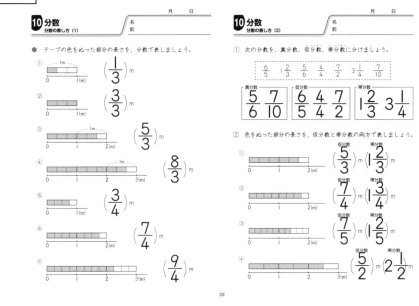

⑩ 分数 分数の表し方 (1)　名前　月　日

● テープの色をぬった部分の長さを，分数で表しましょう。

① $\left(\dfrac{1}{3}\right)$ m
② $\left(\dfrac{3}{3}\right)$ m
③ $\left(\dfrac{5}{3}\right)$ m
④ $\left(\dfrac{8}{3}\right)$ m
⑤ $\left(\dfrac{3}{4}\right)$ m
⑥ $\left(\dfrac{7}{4}\right)$ m
⑦ $\left(\dfrac{9}{4}\right)$ m

⑩ 分数 分数の表し方 (2)　名前　月　日

① 次の分数を，真分数，仮分数，帯分数に分けましょう。

$\dfrac{6}{5}$　$1\dfrac{2}{3}$　$\dfrac{5}{4}$　$\dfrac{4}{4}$　$\dfrac{7}{2}$　$3\dfrac{1}{4}$　$\dfrac{7}{10}$

真分数	仮分数	帯分数
$\dfrac{5}{6}$　$\dfrac{7}{10}$	$\dfrac{6}{5}$　$\dfrac{4}{4}$　$\dfrac{7}{2}$	$1\dfrac{2}{3}$　$3\dfrac{1}{4}$

② 色をぬった部分の長さを，仮分数と帯分数の両方で表しましょう。

① $\left(\dfrac{5}{3}\right)$ m　$\left(1\dfrac{2}{3}\right)$ m
② $\left(\dfrac{7}{4}\right)$ m　$\left(1\dfrac{3}{4}\right)$ m
③ $\left(\dfrac{7}{5}\right)$ m　$\left(1\dfrac{2}{5}\right)$ m
④ $\left(\dfrac{5}{2}\right)$ m　$\left(2\dfrac{1}{2}\right)$ m

P.30

⑩ 分数 分数の表し方 (3)　名前　月　日

① 次の水のかさは，何Lですか。仮分数と帯分数の両方で表しましょう。

① $\left(\dfrac{5}{3}\right)$ L　$\left(1\dfrac{2}{3}\right)$ L
② $\left(\dfrac{3}{2}\right)$ L　$\left(1\dfrac{1}{2}\right)$ L
③ $\left(\dfrac{11}{4}\right)$ L　$\left(2\dfrac{3}{4}\right)$ L
④ $\left(\dfrac{12}{5}\right)$ L　$\left(2\dfrac{2}{5}\right)$ L
⑤ $\left(\dfrac{17}{6}\right)$ L　$\left(2\dfrac{5}{6}\right)$ L

② □にあてはまる不等号を書きましょう。

① $1\dfrac{3}{7}$　<　$3\dfrac{3}{7}$
② $1\dfrac{7}{8}$　<　$2\dfrac{1}{8}$

⑩ 分数 分数の表し方 (4)　名前　月　日

● 数直線のめもりが表す数はいくつですか。
1より大きい分数は，仮分数と帯分数両方で表しましょう。

①
⑦ $\left(\dfrac{7}{6}\right)$ $\left(1\dfrac{1}{6}\right)$　⑦ $\left(\dfrac{10}{6}\right)$ $\left(1\dfrac{4}{6}\right)$　⑦ $\left(\dfrac{17}{6}\right)$ $\left(2\dfrac{5}{6}\right)$

②
⑦ $\left(\dfrac{5}{7}\right)$　⑦ $\left(\dfrac{5}{7}\right)$　⑦ $\left(\dfrac{9}{7}\right)$ $\left(1\dfrac{2}{7}\right)$　⑦ $\left(\dfrac{13}{7}\right)$ $\left(1\dfrac{6}{7}\right)$　⑦ $\left(\dfrac{18}{7}\right)$ $\left(2\dfrac{4}{7}\right)$

③
⑦ $\left(\dfrac{6}{5}\right)$ $\left(1\dfrac{1}{5}\right)$　⑦ $\left(\dfrac{8}{5}\right)$ $\left(1\dfrac{3}{5}\right)$　⑦ $\left(\dfrac{12}{5}\right)$ $\left(2\dfrac{2}{5}\right)$　⑦ $\left(\dfrac{17}{5}\right)$ $\left(2\dfrac{2}{5}\right)$

P.31

⑩ 分数 分数の表し方 (5)　名前　月　日

① 数直線の□には仮分数を，には帯分数を書きましょう。

$\dfrac{3}{3}$　$\dfrac{4}{3}$　$\dfrac{5}{3}$　$\dfrac{6}{3}$　$\dfrac{7}{3}$　$\dfrac{8}{3}$　$\dfrac{9}{3}$

$1\dfrac{1}{3}$　$1\dfrac{2}{3}$　$2\dfrac{1}{3}$　$2\dfrac{2}{3}$

② 次の仮分数を，帯分数か整数になおしましょう。

① $\dfrac{5}{2}$ $\left(2\dfrac{1}{2}\right)$　② $\dfrac{7}{3}$ $\left(2\dfrac{1}{3}\right)$
③ $\dfrac{10}{3}$ $\left(3\dfrac{1}{3}\right)$　④ $\dfrac{9}{4}$ $\left(2\dfrac{1}{4}\right)$
⑤ $\dfrac{10}{5}$ (2)　⑥ $\dfrac{12}{3}$ (4)
⑦ $\dfrac{13}{7}$ $\left(1\dfrac{6}{7}\right)$　⑧ $\dfrac{28}{7}$ (4)

⑩ 分数 分数の表し方 (6)　名前　月　日

① 次の仮分数を，帯分数か整数になおしましょう。

① $\dfrac{9}{2}$ $\left(4\dfrac{1}{2}\right)$　② $\dfrac{9}{3}$ (3)
③ $\dfrac{13}{9}$ $\left(1\dfrac{4}{9}\right)$　④ $\dfrac{25}{7}$ $\left(3\dfrac{4}{7}\right)$
⑤ $\dfrac{19}{8}$ $\left(2\dfrac{3}{8}\right)$　⑥ $\dfrac{21}{10}$ $\left(2\dfrac{1}{10}\right)$
⑦ $\dfrac{19}{6}$ $\left(3\dfrac{1}{6}\right)$　⑧ $\dfrac{60}{5}$ (12)

② 次の仮分数を帯分数か整数になおして，小さい順にならべ，記号を□に書きましょう。

⑦ $\dfrac{7}{2}$　⑦ $\dfrac{15}{4}$　⑦ $\dfrac{11}{4}$　⑦ $\dfrac{8}{5}$　⑦ $\dfrac{18}{6}$

$\left(3\dfrac{1}{2}\right)$ (5) $\left(2\dfrac{3}{4}\right)$ $\left(1\dfrac{3}{5}\right)$ (3)

⑦＜⑦＜⑦＜⑦＜⑦

解答

児童に実施させる前に，必ず指導される方が問題を解いてください。本書の解答は，あくまでも１つの例です。指導される方の作られた解答をもとに，本書の解答例を参考に児童の多様な考えに寄り添って○つけをお願いします。

P.32

⑩ 分数　分数の表し方 (7)

□ 次の帯分数を仮分数になおしましょう。

① $3\frac{1}{2}$ $\left(\frac{7}{2}\right)$　② $1\frac{2}{3}$ $\left(\frac{5}{3}\right)$

③ $2\frac{3}{4}$ $\left(\frac{11}{4}\right)$　④ $4\frac{2}{5}$ $\left(\frac{22}{5}\right)$

⑤ $5\frac{5}{6}$ $\left(\frac{35}{6}\right)$　⑥ $3\frac{2}{7}$ $\left(\frac{23}{7}\right)$

⑦ $7\frac{3}{8}$ $\left(\frac{59}{8}\right)$　⑧ $5\frac{5}{12}$ $\left(\frac{65}{12}\right)$

② 次の分数の大小を，不等号を使って表しましょう。

① $\frac{7}{2}$ $>$ 3　② $2\frac{1}{3}$ $<$ $\frac{8}{3}$

③ $\frac{10}{4}$ $<$ $2\frac{3}{4}$　④ $6\frac{3}{8}$ $>$ $\frac{50}{8}$

⑩ 分数　分数の表し方 (8)

□ 次の帯分数を仮分数になおしましょう。

① $1\frac{2}{5}$ $\left(\frac{7}{5}\right)$　② $2\frac{3}{7}$ $\left(\frac{17}{7}\right)$

③ $3\frac{5}{8}$ $\left(\frac{29}{8}\right)$　④ $3\frac{1}{4}$ $\left(\frac{13}{4}\right)$

⑤ $4\frac{2}{3}$ $\left(\frac{14}{3}\right)$　⑥ $5\frac{4}{5}$ $\left(\frac{29}{5}\right)$

⑦ $3\frac{5}{6}$ $\left(\frac{23}{6}\right)$　⑧ $7\frac{4}{7}$ $\left(\frac{53}{7}\right)$

② 次の帯分数を仮分数になおすときの，分子の数を求める式を書きます。□にあてはまる数を書きましょう。

① $3\frac{2}{4}$　$4 \times \boxed{3} + 2 = \boxed{14}$

② $4\frac{5}{6}$　$6 \times \boxed{4} + 5 = \boxed{29}$

③ $5\frac{7}{8}$　$8 \times \boxed{5} + 7 = \boxed{47}$

P.33

⑩ 分数　分母がちがう分数の大きさ (1)

● 数直線の□にあてはまる分数を書いて，右の問いに答えましょう。

① $\frac{1}{2}$ と大きさが等しい分数を書きましょう。$\left(\frac{2}{4}\right)\left(\frac{3}{6}\right)$ $\left(\frac{4}{8}\right)\left(\frac{5}{10}\right)$

② $\frac{1}{3}$ と大きさが等しい分数を書きましょう。$\left(\frac{2}{6}\right)\left(\frac{3}{9}\right)$

⑩ 分数　分母がちがう分数の大きさ (2)

● 数直線の分数を見て，問いに答えましょう。

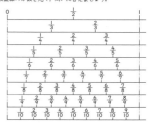

① $\frac{1}{3}$，$\frac{1}{4}$，$\frac{1}{5}$ を小さい順に書きましょう。

$\left(\frac{1}{5}\right) < \left(\frac{1}{4}\right) < \left(\frac{1}{3}\right)$

② ⑦〜⑦とそれぞれ大きさが等しい分数を書きましょう。

⑦ $\frac{4}{6} = \left(\frac{2}{3}\right) = \left(\frac{6}{9}\right)$

① $\frac{6}{8} = \left(\frac{3}{4}\right)$　⑦ $\frac{8}{10} = \left(\frac{4}{5}\right)$

P.34

⑩ 分数　分母がちがう分数の大きさ (3)

□ □にあてはまる，等号や不等号を書きましょう。

① $\frac{2}{4}$ $<$ $\frac{2}{3}$　② $\frac{4}{10}$ $=$ $\frac{2}{5}$　③ $\frac{7}{8}$ $>$ $\frac{7}{9}$

④ $\frac{2}{4}$ $=$ $\frac{4}{8}$　⑤ $\frac{1}{3}$ $=$ $\frac{2}{6}$　⑥ $\frac{3}{4}$ $>$ $\frac{3}{5}$

② □にあてはまる数を，........から１回ずつ選んで書きましょう。

① $\frac{4}{9} > \frac{4}{\boxed{10}}$　$\frac{2}{5} < \frac{2}{\boxed{3}}$　$\frac{3}{4} = \frac{6}{\boxed{8}}$

3, 6, 10

下の数直線を見て考えよう。

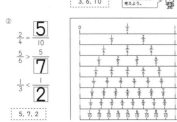

② $\frac{2}{4} = \frac{\boxed{5}}{10}$　$\frac{5}{6} > \frac{5}{\boxed{7}}$　$\frac{1}{3} < \frac{1}{\boxed{2}}$

5, 7, 2

⑩ 分数　分数のたし算とひき算 (1)

□ 計算をしましょう。

① $\frac{4}{5} + \frac{3}{5}$ $\frac{7}{5}\left(1\frac{2}{5}\right)$　② $\frac{3}{4} + \frac{3}{4}$ $\frac{6}{4}\left(1\frac{2}{4}\right)$

③ $\frac{5}{6} + \frac{1}{6}$ 1　④ $\frac{5}{8} + \frac{7}{8}$ $\frac{12}{8}\left(1\frac{4}{8}\right)$

⑤ $\frac{3}{5} + \frac{7}{5}$ 2　⑥ $\frac{8}{7} + \frac{5}{7}$ $\frac{13}{7}\left(1\frac{6}{7}\right)$

② 計算をしましょう。

① $\frac{11}{8} - \frac{7}{8}$ $\frac{4}{8}$　② $\frac{11}{9} - \frac{4}{9}$ $\frac{7}{9}$

③ $\frac{7}{5} - \frac{2}{5}$ 1　④ $\frac{13}{6} - \frac{1}{6}$ 2

⑤ $\frac{15}{13} - \frac{7}{13}$ $\frac{8}{13}$　⑥ $\frac{10}{3} - \frac{5}{3}$ $\frac{5}{3}\left(1\frac{2}{3}\right)$

P.35

⑩ 分数　分数のたし算とひき算 (2)

□ 計算をしましょう。

① $1\frac{1}{5} + 2\frac{3}{5}$ $3\frac{4}{5}\left(\frac{19}{5}\right)$　② $1\frac{1}{8} + 3$ $4\frac{6}{8}\left(\frac{38}{8}\right)$

③ $3\frac{1}{5} + 1\frac{2}{5}$ $4\frac{3}{5}\left(\frac{23}{5}\right)$　④ $4 + 2\frac{1}{2}$ $6\frac{1}{2}\left(\frac{13}{2}\right)$

⑤ $3\frac{3}{10} + 4\frac{1}{10}$ $7\frac{4}{10}\left(\frac{74}{10}\right)$　⑥ $9\frac{1}{7} + 1$ $10\frac{3}{7}\left(\frac{73}{7}\right)$

② 計算をしましょう。

$1\frac{2}{3} + \frac{2}{3} = 1\frac{3}{3} = 1\frac{\Box}{\Box} = \Box$ だね。

① $1\frac{2}{3} + \frac{2}{3}$ $2\frac{1}{3}\left(\frac{7}{3}\right)$　② $\frac{4}{5} + 2\frac{3}{5}$ $3\frac{2}{5}\left(\frac{17}{5}\right)$

③ $1\frac{3}{4} + \frac{1}{4}$ 2　④ $3\frac{5}{6} + \frac{1}{6}$ 4

⑤ $\frac{5}{7} + 2\frac{4}{7}$ $3\frac{2}{7}\left(\frac{23}{7}\right)$　⑥ $3\frac{5}{8} + \frac{7}{8}$ $4\frac{4}{8}\left(\frac{36}{8}\right)$

⑩ 分数　分数のたし算とひき算 (3)

● 計算をしましょう。

① $1\frac{2}{5} + 2\frac{1}{5}$ $3\frac{3}{5}\left(\frac{18}{5}\right)$　② $2\frac{2}{9} + \frac{5}{9}$ $2\frac{7}{9}\left(\frac{25}{9}\right)$

③ $9 + 3\frac{4}{7}$ $12\frac{4}{7}\left(\frac{88}{7}\right)$　④ $3\frac{5}{12} + 2\frac{5}{12}$ $5\frac{5}{12}\left(\frac{65}{12}\right)$

⑤ $1\frac{5}{7} + \frac{6}{7}$ $2\frac{4}{7}\left(\frac{18}{7}\right)$　⑥ $3\frac{4}{5} + \frac{3}{5}$ $4\frac{2}{5}\left(\frac{22}{5}\right)$

⑦ $\frac{5}{8} + 2\frac{3}{8}$ 3　⑧ $1\frac{7}{8} + 3\frac{5}{8}$ $5\frac{4}{8}\left(\frac{44}{8}\right)$

⑨ $3\frac{7}{9} + 1\frac{2}{9}$ 5　⑩ $3\frac{3}{4} + 2\frac{3}{4}$ $6\frac{2}{4}\left(\frac{26}{4}\right)$

⑪ $4\frac{5}{6} + 2\frac{3}{6}$ $7\frac{2}{6}\left(\frac{44}{6}\right)$　⑫ $1\frac{8}{13} + \frac{5}{13}$ 2

⑬ $3\frac{4}{9} + 1\frac{8}{9}$ $5\frac{3}{9}\left(\frac{48}{9}\right)$　⑭ $1\frac{1}{2} + 5\frac{1}{2}$ 7

P.36

10 分数
分数のたし算とひき算 (4)　名前

① 計算をしましょう。

① $2\frac{5}{6} - 1\frac{4}{6}\left(\frac{10}{6}\right)$　② $3\frac{3}{4} - \frac{3}{4}\ 3\frac{1}{4}\left(\frac{13}{4}\right)$

③ $4\frac{1}{2} - 2\ 2\frac{1}{2}\left(\frac{5}{2}\right)$　④ $4\frac{7}{8} - 2\ 2\frac{2}{8}\left(\frac{18}{8}\right)$

⑤ $3\frac{7}{12} - 1\frac{5}{12}\ 2\frac{2}{12}\left(\frac{26}{12}\right)$　⑥ $6\frac{13}{14} - 1\ \frac{8}{14}\left(\frac{22}{14}\right)$

② 計算をしましょう。

分数部分がひけないときは，整数部分からくり下げた1を分数になおして計算するよ。帯分数を仮分数になおして計算してもいいね。

① $2\frac{1}{6} - \frac{5}{6}\ 1\frac{2}{6}\left(\frac{8}{6}\right)$　② $3\frac{1}{4} - \frac{3}{4}\ 2\frac{2}{4}\left(\frac{10}{4}\right)$

③ $1\frac{1}{3} - \frac{2}{3}\ \frac{2}{3}$　④ $2\frac{1}{8} - \frac{5}{8}\ 1\frac{4}{8}\left(\frac{12}{8}\right)$

⑤ $4 - \frac{1}{2}\ 3\frac{1}{2}\left(\frac{7}{2}\right)$　⑥ $2 - \frac{3}{4}\ 1\frac{1}{4}\left(\frac{5}{4}\right)$

10 分数
分数のたし算とひき算 (5)　名前

● 計算をしましょう。

① $4\frac{4}{5} - 1\ 3\frac{2}{5}\left(\frac{17}{5}\right)$　② $3\frac{5}{6} - 2\ 2\frac{4}{6}\left(\frac{16}{6}\right)$

③ $2\frac{7}{8} - \frac{3}{8}\ 2\frac{4}{8}\left(\frac{20}{8}\right)$　④ $6\frac{5}{12} - 4\ 2\frac{5}{12}\left(\frac{29}{12}\right)$

⑤ $2\frac{1}{3} - \frac{2}{3}\ 1\frac{2}{3}\left(\frac{5}{3}\right)$　⑥ $2\frac{2}{5} - \frac{4}{5}\ 2\frac{3}{5}\left(\frac{13}{5}\right)$

⑦ $3 - 1\frac{5}{9}\ 1\frac{4}{9}\left(\frac{13}{9}\right)$　⑧ $4\frac{2}{7} - 2\ 2\frac{4}{7}\left(\frac{18}{7}\right)$

⑨ $4\frac{5}{9} - 3\frac{8}{9}\ \frac{6}{9}$　⑩ $5 - 7\frac{7}{12}\ 4\frac{5}{12}\left(\frac{53}{12}\right)$

⑪ $4 - 1\frac{2}{3}\ 2\frac{1}{3}\left(\frac{7}{3}\right)$　⑫ $7\frac{1}{2} - 5\frac{1}{2}\left(\frac{11}{2}\right)$

⑬ $2\frac{1}{6} - 1\frac{5}{6}\ \frac{2}{6}$　⑭ $6\frac{5}{11} - 1\ \frac{9}{11}\left(\frac{20}{11}\right)$

P.37

10 分数
分数のたし算とひき算 (6)　名前

● 計算をしましょう。

① $\frac{3}{4} + \frac{2}{4}\ \frac{5}{4}\left(1\frac{1}{4}\right)$　② $4 + \frac{2}{3}\ 4\frac{2}{3}\left(\frac{14}{3}\right)$

③ $2\frac{2}{5} + \frac{2}{5}\ 2\frac{4}{5}\left(\frac{14}{5}\right)$　④ $2\frac{5}{7} + 1\ 3\frac{5}{7}\left(\frac{26}{7}\right)$

⑤ $2\frac{7}{8} + 3\ 5\frac{4}{8}\left(\frac{28}{8}\right)$　⑥ $3\frac{5}{6} + \frac{1}{6}\ 4$

⑦ $3\frac{4}{5} + 1\ 5\frac{2}{5}\left(\frac{27}{5}\right)$　⑧ $2\frac{8}{11} + 2\ 5\frac{4}{11}\left(\frac{59}{11}\right)$

⑨ $\frac{9}{8} - \frac{2}{8}\ \frac{7}{8}$　⑩ $\frac{18}{5} - \frac{4}{5}\ \frac{14}{5}\left(2\frac{4}{5}\right)$

⑪ $1\frac{5}{7} - \frac{4}{7}\ 1\frac{1}{7}\left(\frac{8}{7}\right)$　⑫ $2\frac{5}{8} - 1\ 1\frac{3}{8}\left(\frac{11}{8}\right)$

⑬ $2\frac{1}{6} - 1\ 1\frac{2}{6}\left(\frac{8}{6}\right)$　⑭ $4 - 1\frac{2}{5}\ 2\frac{1}{5}\left(\frac{5}{2}\right)$

⑮ $4\frac{1}{4} - 2\frac{3}{4}\ 1\frac{2}{4}\left(\frac{6}{4}\right)$　⑯ $2\frac{5}{12} - 1\frac{7}{12}\ \frac{10}{12}$

10 分数
分数のたし算とひき算 (7)　名前

① テープが4mありました。$2\frac{2}{5}$使いました。残りは何mになりましたか。

式 $4 - 2\frac{2}{5} = 1\frac{3}{5}\left(\frac{8}{5}\right)$　答え $1\frac{3}{5}\left(\frac{8}{5}\right)$m

② お茶がポットに$1\frac{1}{3}$L，水とうに$\frac{2}{3}$L入っています。

❶ あわせると何Lになりますか。
式 $1\frac{1}{3} + \frac{2}{3} = 2$　答え 2L

❷ かさのちがいは何Lですか。
式 $1\frac{1}{3} - \frac{2}{3} = \frac{2}{3}$　答え $\frac{2}{3}$L

③ ねん土を$\frac{8}{9}$kg使ったので，残りが$1\frac{2}{9}$kgになりました。はじめにねん土は何kgありましたか。
式 $\frac{8}{9} + 1\frac{2}{9} = 2\frac{1}{9}\left(\frac{19}{9}\right)$　答え $2\frac{1}{9}\left(\frac{19}{9}\right)$kg

P.38

10 ふりかえり・たしかめ (1)
分数　名前

① 数直線上のめもりが表す分数はいくつですか。
1より大きい分数は，仮分数と帯分数の両方で表しましょう。

$\left(\frac{3}{5}\right)$

仮分数 $\left(\frac{9}{5}\right)$ 帯分数 $1\frac{4}{5}$　仮分数 $\left(\frac{11}{5}\right)$ 帯分数 $2\frac{1}{5}$　仮分数 $\left(\frac{17}{5}\right)$ 帯分数 $3\frac{2}{5}$

② 右下の数直線を見て答えましょう。

① $\frac{3}{4}$と大きさが等しい分数を書きましょう。
$\left(\frac{6}{8}\right)$

② $\frac{6}{9}$と等しい分数で分母がいちばん小さい分数を書きましょう。
$\left(\frac{2}{3}\right)$

10 ふりかえり・たしかめ (2)
分数　名前

● 計算をしましょう。

① $\frac{5}{8} + \frac{7}{8}\ \frac{12}{8}\left(1\frac{4}{8}\right)$　② $\frac{4}{5} + \frac{6}{5}\ 2$

③ $\frac{7}{11} + \frac{4}{11}\ 1$　④ $\frac{3}{4} + 1\frac{2}{4}\ 2\frac{1}{4}\left(\frac{9}{4}\right)$

⑤ $1\frac{5}{7} + 1\frac{2}{7}\ 3$　⑥ $1\frac{4}{5} + \frac{3}{5}\ 2\frac{2}{5}\left(\frac{12}{5}\right)$

⑦ $3 + 1\frac{1}{4}\ 4\frac{1}{4}\left(\frac{17}{4}\right)$　⑧ $2\frac{4}{9} + 1\ 4\frac{2}{9}\left(\frac{38}{9}\right)$

⑨ $\frac{9}{5} - \frac{3}{5}\ \frac{6}{5}\left(1\frac{1}{5}\right)$　⑩ $\frac{11}{8} - \frac{5}{8}\ \frac{6}{8}$

⑪ $3\frac{2}{3} - \frac{2}{3}\ 3$　⑫ $\frac{16}{7} - \frac{2}{7}\ 2$

⑬ $2\frac{7}{8} - 1\ 1\frac{6}{8}\left(\frac{14}{8}\right)$　⑭ $3\frac{1}{4} - 1\ 2\frac{2}{4}\left(\frac{10}{4}\right)$

⑮ $5 - 2\frac{4}{7}\ 2\frac{3}{7}\left(\frac{17}{7}\right)$　⑯ $4\frac{2}{5} - 2\ 2\frac{3}{5}\left(\frac{13}{5}\right)$

P.39

10 まとめのテスト
分数　名前

【知識・技能】

① 次の分数を小さい順にならべて，□に記号を書きましょう。(10×2)

① $\frac{10}{3}$ (オ)　$\frac{6}{4}$ (イ)　$\frac{1}{4}$ (ア)　$\frac{9}{4}$ (ウ)　$\frac{25}{8}$ (エ)

(ア) < (イ) < (ウ) < (エ) < (オ)

② $\frac{26}{9}$ (ケ)　$\frac{5}{7}$ (ク)　$\frac{30}{7}$ (コ)　$\frac{32}{9}$ (キ)　$\frac{31}{8}$ (カ)

(キ) < (ク) < (ケ) < (カ) < (コ)

【思考・判断・表現】

① 次の表は何mですか。仮分数と帯分数の両方で表しましょう。(5×2)

仮分数 $\frac{9}{5}$m　帯分数 $1\frac{4}{5}$m

② 次の帯分数を，仮分数になおしましょう。(5×2)
① $1\frac{5}{6}\ \frac{11}{6}$　② $2\frac{4}{7}\ \frac{18}{7}$

③ 次の仮分数を，帯分数になおしましょう。(5×2)
① $\frac{7}{3}\ 2\frac{1}{3}$　② $\frac{31}{8}\ 3\frac{7}{8}$

④ 計算をしましょう。(5×4)
① $\frac{5}{4} + \frac{7}{4}\ 3$　② $2\frac{2}{9} + \frac{8}{9}\ 3\frac{6}{9}\left(\frac{33}{9}\right)$

③ $3\frac{5}{7} - \frac{2}{7}\ 3\frac{3}{7}\left(\frac{24}{7}\right)$　④ $3\frac{1}{4} - 1\ 1\frac{3}{4}\left(\frac{7}{4}\right)$

⑤ AとBのリボンがあります。Aのリボンは$\frac{9}{5}$m，Bのリボンは$2\frac{3}{5}$mです。(5×4)
① AとBのリボンを合わせると何mですか。
式 $\frac{9}{5} + 2\frac{3}{5} = 4\frac{5}{5} = 4\frac{22}{5}\left(\frac{22}{5}\right)$m　答え $4\frac{2}{5}\left(\frac{22}{5}\right)$m

② AとBのリボンの長さのちがいは何mですか。
式 $2\frac{3}{5} - \frac{9}{5} = \frac{4}{5}$　答え $\frac{4}{5}$m

⑥ お茶が$3\frac{1}{7}$Lありました。$1\frac{5}{7}$L飲みました。残りは何Lになりましたか。
式 $3\frac{1}{7} - 1\frac{5}{7} = 1\frac{3}{7}\left(\frac{10}{7}\right)$　答え $1\frac{3}{7}\left(\frac{10}{7}\right)$L

P.40

⓫ 変わり方調べ
変わり方調べ (1)

月　日
名前

① 昼の時間（日の出から日ぼつまでの時間）と夜の時間（日ぼつから日の出までの時間）には，どんな関係があるかを調べます。

① 昼の時間が次のときの，夜の時間は何時間ですか。

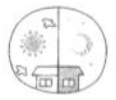

昼の時間	夜の時間
１時間	（23）時間
2時間	（22）時間
3時間	（21）時間

② 昼の時間と夜の時間を表にしましょう。

昼の時間（時間）	1	2	3	4	5	6
夜の時間（時間）	22	21	20	19	18	

③ 表にまとめてみて，気がついたことはありませんか。文の続きを書きましょう。

⑦ 昼の時間が１ふえると，夜の時間は
（例）（1へる。　）

④ 昼の時間と夜の時間をあわせると，
（例）（24になる。　）

② 昼の時間と夜の時間を表にすると，下のようになりました。

昼の時間（時間）□	1	2	3	4	5	6
夜の時間（時間）○	23	22	21	20	19	18

① 昼の時間を□時間，夜の時間を○時間として，□と○の関係を式に表しましょう。（　）にあてはまる数を書きましょう。

□ + ○ = （24）

② 昼の時間が次のときの，夜の時間は何時間ですか。

⑦ 昼の時間が9時間のとき　（15）時間

④ 昼の時間が12時間のとき　（12）時間

③ 夜の時間が次のときの，昼の時間は何時間ですか。

⑦ 夜の時間が10時間のとき　（14）時間

④ 夜の時間が14時間のとき　（10）時間

40

P.41

⓫ 変わり方調べ
変わり方調べ (2)

月　日
名前

① １辺が１cmの正三角形を下の図のように１列にならべて，まわりの長さが何cmになるかを調べます。

正三角形の数	まわりの長さ
１こ	（3）cm
2こ	（4）cm
3こ	（5）cm

② 正三角形の数とまわりの長さを，表にしましょう。

正三角形の数（こ）	1	2	3	4	5	6
まわりの長さ（cm）	3	4	5	6	7	8

③ 正三角形の数が１こふえるごとに，まわりの長さは何cmふえていますか。

（1）cm

② １辺が１cmの正三角形を右の図のようにならべていったときの，まわりの長さを調べると，下の表のようになりました。

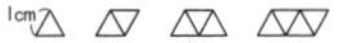

正三角形の数（こ）	1	2	3	4	5	6
まわりの長さ（cm）	3	4	5	6	7	8

① 正三角形の数にいくつたすと，まわりの長さの数になりますか。

（2）

② 正三角形の数を□こ，まわりの長さを○cmとして，□と○の関係を式に表します。（　）にあてはまる数を書きましょう。

□ + （2） = ○

③ 正三角形の数が次のときの，まわりの長さは何cmですか。

⑦ 10このとき　（12）cm

④ 30このとき　（32）cm

④ まわりの長さが100cmのとき，正三角形は何こですか。

（98）こ

41

P.42

⓫ 変わり方調べ
変わり方調べ (3)

月　日
名前

① １辺が１cmの正方形を，下の図のように正方形になるようにならべて，まわりの長さが何cmになるかを調べます。

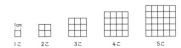

① 正方形の１辺の数とまわりの長さを，表にまとめましょう。

１辺の数（こ）	1	2	3	4	5	6
まわりの長さ（cm）	4	8	12	16	20	24

② 正方形の１辺の数が１こふえるごとに，まわりの長さは何cmずつふえていますか。

（4）cm

③ 正方形の１辺の数にいくつをかけると，まわりの長さを表す数になっていますか。

（4）

② １辺が１cmの正方形を，右の図のようにならべていき，まわりの長さを調べると，下の表のようになりました。

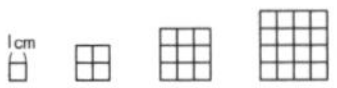

１辺の数（こ）□	1	2	3	4	5	6
まわりの長さ（cm）	4	8	12	16	20	24

① 正方形の１辺の数を□こ，まわりの長さを○cmとして，□と○の関係を式に表します。（　）にあてはまる数を書きましょう。

□ × （4） = ○

② 正方形の１辺の数が次のときの，まわりの長さは何cmですか。

⑦ 10このとき　（40）cm

④ 25このとき　（100）cm

③ まわりの長さが200cmとなるのは，正方形の１辺の数が何このときですか。

（50）こ

42

P.43

⓫ 変わり方調べ
変わり方調べ (4)

月　日
名前

① １辺が１cmの正三角形を，下の図のように１だん，2だん，…とならべて，まわりの長さが何cmになるかを調べます。

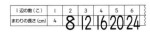

① だんの数とまわりの長さを，表にまとめましょう。

だんの数（だん）	1	2	3	4	5	6
まわりの長さ（cm）	3	6	9	12	15	18

② だんの数が１だんふえるごとに，まわりの長さは何cmずつふえていますか。

（3）cm

③ だんの数にいくつをかけると，まわりの長さを表す数になっていますか。

（3）

② １辺が１cmの正三角形を，右の図のようにならべていき，まわりの長さを調べると，下の表のようになりました。

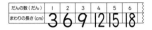

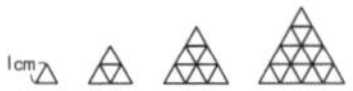

正三角形の数（こ）□	1	2	3	4	5	6
まわりの長さ（cm）	3	6	9	12	15	18

① だんの数を□だん，まわりの長さを○cmとして，□と○の関係を式に表しましょう。

（□ × 3） = ○

② だんの数が次のときの，まわりの長さは何cmですか。

⑦ 10だんのとき　（30）cm

④ 30だんのとき　（90）cm

③ まわりの長さが105cmとなるのは，何だんのときですか。

（35）だん

43

児童に実施させる前に，必ず指導される方が問題を解いてください。本書の解答は，あくまでも１つの例です。指導される方の作られた解答をもとに，本書の解答例を参考に児童の多様な考えに寄り添って○つけをお願いします。

P.44

11 変わり方調べ
変わり方調べ（5）　　名前

● 下の図のように，１本のひもをはさみで切ります。

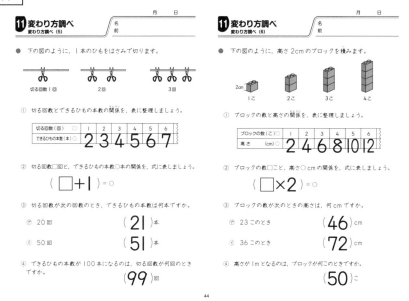

切る回数１回　　2回　　3回

① 切る回数とできるひもの本数の関係を，表に整理しましょう。

切る回数（回）□	1	2	3	4	5	6
できるひもの本数（本）	2	3	4	5	6	7

② 切る回数□回と，できるひもの本数○本の関係を，式に表しましょう。

（ □+1 ）= ○

③ 切る回数が次の回数のとき，できるひもの本数は何本ですか。

㋐ 20回　　（ 21 ）本

㋑ 50回　　（ 51 ）本

④ できるひもの本数が100本になるのは，切る回数が何回のときですか。

（ 99 ）回

---

11 変わり方調べ
変わり方調べ（6）　　名前

● 下の図のように，高さ２cmのブロックを積みます。

2cm　　1こ　　2こ　　3こ　　4こ

① ブロックの数と高さの関係を，表に整理しましょう。

ブロックの数（こ）□	1	2	3	4	5	6
高さ　（cm）	2	4	6	8	10	12

② ブロックの数□こと，高さ○cmの関係を，式に表しましょう。

（ □×2 ）= ○

③ ブロックの数が次のときの高さは，何cmですか。

㋐ 23このとき　　（ 46 ）cm

㋑ 36このとき　　（ 72 ）cm

④ 高さが１mとなるのは，ブロックが何このときですか。

（ 50 ）こ

44

P.45

11 ふりかえり・たしかめ（1）
変わり方調べ　　名前

● 18このいちごを，AさんとBさんの２人で分けます。

① AさんとBさんのいちごの数の関係を，表にまとめましょう。

Aさんの数（こ）□	1	2	3	4	5	6
Bさんの数（こ）○	17	16	15	14	13	12

② Aさんのいちごの数が１こふえると，Bさんのいちごの数はどうなりますか。

（例）（ 1こへる。 ）

③ Aさんのいちごの数を□こ，Bさんのいちごの数を○ことして，□と○の関係を式に表します。
（　）にあてはまる数を書きましょう。

□+○=（ 18 ）

④ Aさんのいちごの数が10このとき，Bさんのいちごの数は何こですか。

（ 8 ）こ

---

11 ふりかえり・たしかめ（2）
変わり方調べ　　名前

● １辺の長さが２cmの正方形を，下の図のようにならべて，まわりの長さを調べます。

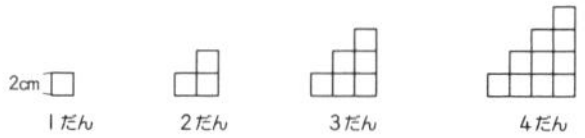

2cm　　1だん　　2だん　　3だん　　4だん

① だんの数とまわりの長さの関係を，表にまとめましょう。

だんの数（だん）□	1	2	3	4	5	6
まわりの長さ（cm）	8	16	24	32	40	48

② だんの数を□だん，まわりの長さを○cmとして，□と○の関係を式に表しましょう。

（ □×8 ）= ○

③ だんの数が15だんのときの，まわりの長さは何cmですか。

（ 120 ）cm

④ まわりの長さが200cmになるのは，何だんのときですか。

（ 25 ）だん

45

P.46

11 まとめのテスト
変わり方調べ

［知識・技能］

❶ 30ページの絵本を読みます。読んだページ数と，読んでいないページ数の関係を表にまとめました。(10)

読んだページ数（ページ）	1	2	3	4	5	6
読んでいないページ数（ページ）	29	28	27	26	25	24

❷ 下の図のように，三角形のテープルに人がすわります。(10×2)

① テープルの数とすわれる人数の関係を，表にまとめましょう。

テープルの数（台）	1	2	3	4	5	6
すわれる人数（人）	3	4	5	6	7	8

② テープルの数とすわれる人数の関係を，式に表しましょう。

（ 2 ）

❸ バケツに水を１回に５Lずつ運びます。(10×2)

① 運んだ回数と水の量の関係を，表にまとめましょう。

運んだ回数（回）	1	2	3	4	5	6
水の量（L）	5	10	15	20	25	30

② 運んだ回数と水の量の関係を，式に表しましょう。

（ 5 ）

［思考・判断・表現］

❹ １辺が１cmの正三角形を，下の図のようにならべます。

正三角形の数（こ）	1	2	3	4	5	6	7	8
まわりの長さ（cm）	3	4	5	6	7	8		

1こ　　2こ　　3こ　　4こ　　5こ

① 正三角形の数と，まわりの長さを調べ，表にまとめます。

② 正三角形の数を□こ，まわりの長さを○cmとして，□と○の関係を式に表します。
（　）にあてはまる数を書きましょう。

□+（ 2 ）= ○

③ 正三角形の数が40このとき，まわりの長さは何cmですか。

（ 42 ）cm

④ まわりの長さが80cmのときの，正三角形の数は何こですか。

（ 78 ）

❺ １辺が１cmの正方形を下の図のようにならべて，まわりの長さを調べ，表にまとめました。(10×2)

正方形の数（こ）	1	2	3	4	5	6
まわりの長さ（cm）	4	8	12	16	20	24

1こ　　2こ　　3こ　　4こ　　5こ

① 正方形の数を□こ，まわりの長さを○cmとして，□と○の関係を式に表します。

□×（ 4 ）= ○

② 正方形の数が30このとき，まわりの長さは何cmですか。

（ 120 ）cm

46

P.47

12 面積のはかり方と表し方
広さの表し方（1）　　名前

① 下の図の面積は１cm²です。（　）にあてはまる数を書きます。
また，cm²の読み方も書きます。

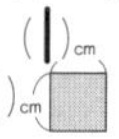

（ 1 ）cm　（ 1 ）cm

読み方　平方センチメートル

② A, B, C, Dの４人でじん地とりをしました。
広さをcm²を使って表しましょう。

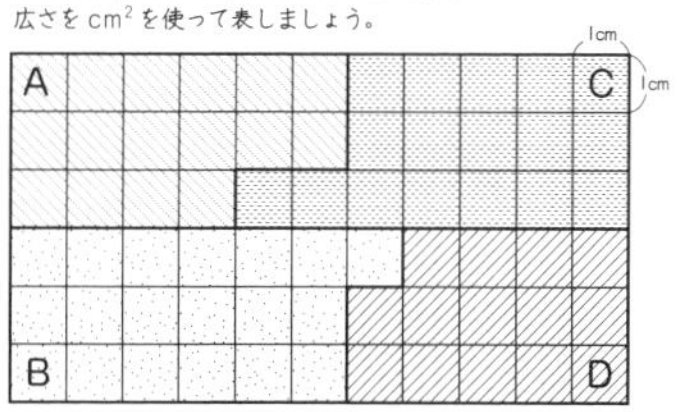

A　1cm²が（ 16 ）こで，（ 16 ）cm²

B　1cm²が（ 19 ）こで，（ 19 ）cm²

C　1cm²が（ 17 ）こで，（ 17 ）cm²

D　1cm²が（ 14 ）こで，（ 14 ）cm²

---

12 面積のはかり方と表し方
広さの表し方（2）　　名前

① 次の面積は何cm²ですか。

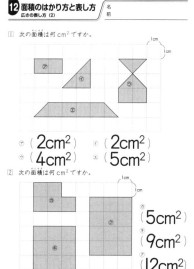

㋐（ 2cm² ）　　㋑（ 2cm² ）

㋒（ 4cm² ）　　㋓（ 5cm² ）

② 次の面積は何cm²ですか。

㋔（ 5cm² ）

㋕（ 9cm² ）

㋖（ 12cm² ）

47

P.48

12 面積のはかり方と表し方 長方形と正方形の面積 (1)

● 下の長方形や正方形は，1cm² が何こで，何 cm² ですか。

①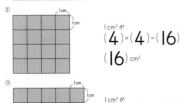
1cm² が
$(3) \times (5) = (15)$
(15) cm²

②
1cm² が
$(4) \times (4) = (16)$
(16) cm²

③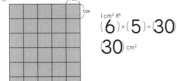
1cm² が
$(6) \times (5) = (30)$
(30) cm²

12 面積のはかり方と表し方 長方形と正方形の面積 (2)

① 長方形や正方形の面積を求める公式を書きましょう。

長方形の面積＝ たて × 横
正方形の面積＝ 辺 × 辺

② 次の長方形や正方形の面積を求めましょう。

①
式
$3 \times 4 = 12$
答え 12cm²

②
式
$3 \times 3 = 9$
答え 9cm²

③
式
$2 \times 6 = 12$
答え 12cm²

P.49

12 面積のはかり方と表し方 長方形と正方形の面積 (3)

● 次の長方形や正方形の面積を求めましょう。

① 長方形
② 正方形

式 $4 \times 6 = 24$　答え 24cm²
式 $5 \times 5 = 25$　答え 25cm²

③ たて 7cm，横 13cm の長方形の面積
式 $7 \times 13 = 91$　答え 91cm²

④ 1辺の長さが 12cm の正方形の面積
式 $12 \times 12 = 144$　答え 144cm²

12 面積のはかり方と表し方 長方形と正方形の面積 (4)

① 次の□の辺の長さを求めましょう。

①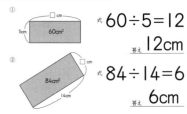
式 $60 \div 5 = 12$　答え 12cm

②
式 $84 \div 14 = 6$　答え 6cm

② 長方形の面積が 90cm² で，たての長さが 6cm です。横の長さは何 cm ですか。
式 $90 \div 6 = 15$　答え 15cm

③ 長方形の面積が 252cm² で，たての長さが 18cm です。横の長さは何 cm ですか。
式 $252 \div 18 = 14$　答え 14cm

P.50

12 面積のはかり方と表し方 長方形と正方形の面積 (5)

① 次の長方形の面積とまわりの長さを求めましょう。

①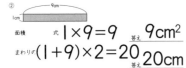
面積　式 $4 \times 6 = 24$　答え 24cm²
まわりの長さ　式 $(4+6) \times 2 = 20$　答え 20cm

②
面積　式 $1 \times 9 = 9$　答え 9cm²
まわりの　式 $(1+9) \times 2 = 20$　答え 20cm

② 長方形の面積とまわりの長さを，表に整理しましょう。

	たての長さ (cm)	横の長さ (cm)	面積 (cm²)	まわりの長さ (cm)
⑦	8	2	16	20
⑦	7	3	21	20
⑦	5	5	25	20

12 面積のはかり方と表し方 長方形と正方形の面積 (6)

● 下の方がんに，次の長方形や正方形をかきましょう。

面積が 18cm² の長方形を 3つ …… ⑦ ⑦ ⑦
面積が 16cm² の正方形 …… ⑦
面積が 25cm² の正方形 …… ⑦

(例)
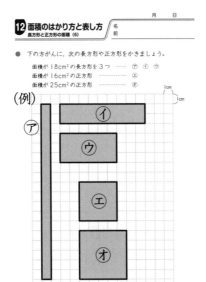

P.51

12 面積のはかり方と表し方 長方形と正方形の面積 (7)

● 右のような形の面積を，いろいろな方法で求めましょう。

① 点線で2つの長方形に分けて面積
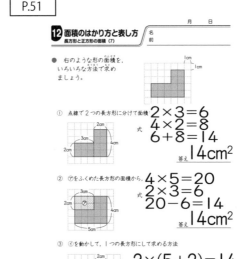
式 $2 \times 3 = 6$
$4 \times 2 = 8$
$6 + 8 = 14$
答え 14cm²

② ⑦をふくめた長方形の面積から，
式 $4 \times 5 = 20$
$2 \times 3 = 6$
$20 - 6 = 14$
答え 14cm²

③ ⑦を動かして，1つの長方形にして求める方法

$2 \times (5+2) = 14$
答え 14cm²

12 面積のはかり方と表し方 長方形と正方形の面積 (8)

● 右のような形の面積を，2つの方法で求めましょう。

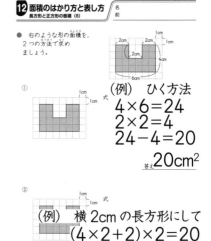

① (例) ひく方法
式 $4 \times 6 = 24$
$2 \times 2 = 4$
$24 - 4 = 20$
答え 20cm²

② (例) 横2cm の長方形にして
式 $(4 \times 2 + 2) \times 2 = 20$
答え 20cm²

P.52

12 面積のはかり方と表し方 長方形と正方形の面積 (9) 名前

● 下のような形の面積を，くふうして求めましょう。

①

式 **（例）**
$4 \times 4 + 2 \times 2 = 20$

答え **20cm²**

②

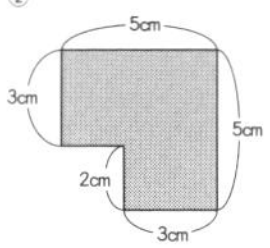

式 **（例）**
$3 \times 5 + 2 \times 3 = 21$

答え **21cm²**

③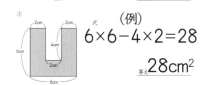

式 **（例）**
$6 \times 6 - 4 \times 2 = 28$

答え **28cm²**

12 面積のはかり方と表し方 長方形と正方形の面積 (10) 名前

● 下のような形の面積を求めて，問いに答えましょう。

① 面積を求めましょう。

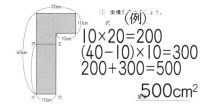

式 **（例）**
$10 \times 20 = 200$
$(40-10) \times 10 = 300$
$200 + 300 = 500$

答え **500cm²**

② 上の図形を面積で2等分になるように，長方形アイウエを切り取ります。長方形アイウエの面積は何cm²ですか。また，アイの長さは何cmになりますか。

長方形アイウエの面積
式
$500 \div 2 = 250$

答え **250cm²**

アイの長さ
式
$250 \div 10 = 25$

答え **25cm**

52

P.53

12 面積のはかり方と表し方 大きな面積の単位 (1) 名前

① 下の図は1m²の正方形です。（ ）に長さを書きましょう。また，m²の読みも書きましょう。

読み方 **平方メートル**

② 次の長方形や正方形の面積を求めましょう。

① 長方形

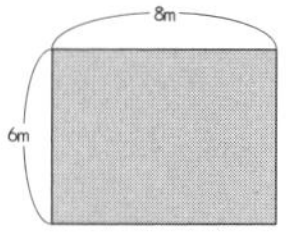

式 $6 \times 8 = 48$

答え **48m²**

② 正方形

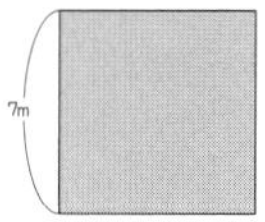

式 $7 \times 7 = 49$

答え **49m²**

12 面積のはかり方と表し方 大きな面積の単位 (2) 名前

① 1m²は何cm²ですか。（ ）にあてはまる数を書きましょう。

$1m = （100）cm$
cmを単位として，面積を求めましょう。
$（100） \times （100） =$
$（10000）$
$1m² = （10000）cm²$

② 次の長方形や正方 **（例）**

① 長方形 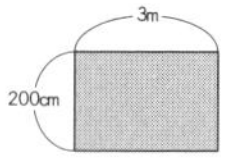
式 $200cm = 2m$
$2 \times 3 = 6$
$6m² = 60000cm²$

答え **6** m², **60000** cm²

② 正方形 **（例）**
式 $300cm = 3m$
$3 \times 3 = 9$
$9m² = 90000cm²$

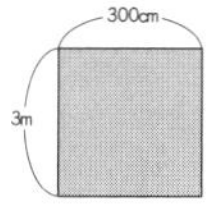

答え **9** m², **90000** cm²

53

P.54

12 面積のはかり方と表し方 大きな面積の単位 (3) 名前

① 下の図は1aの正方形です。（ ）にあてはまる数を書きましょう。また，aの読みも書きましょう。

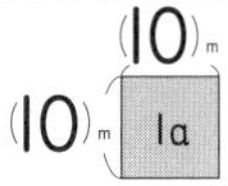

$（10）m$ $1a = （100）m²$

aの読み方 **アール**

② 下の図は1haの正方形です。（ ）にあてはまる数を書きましょう。また，haの読みも書きましょう。

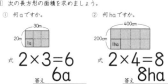
$（100）m$ $1ha = （10000）m²$

haの読み方 **ヘクタール**

③ 次の長方形の面積を求めましょう。

① 何aですか。 ② 何haですか。

式 $2 \times 3 = 6$
答え **6a**

式 $2 \times 4 = 8$
答え **8ha**

12 面積のはかり方と表し方 大きな面積の単位 (4) 名前

① 下のようなドッジボールコート

式 $10 \times 20 = 200$
$200m² = 2a$

答え **200** m², **2** a

② 下の図のような長方形の田があります。

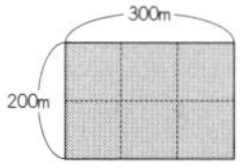

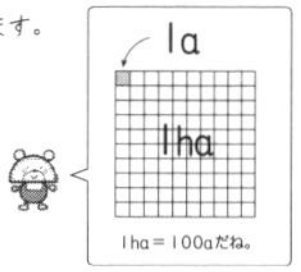

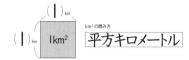
$1ha = 100aだね$

① この田の面積は何m²ですか。

式 $200 \times 300 = 60000$

60000m²

② この田の面積は何aですか。 **（600a）**

③ この田の面積は何haですか。 **（6ha）**

54

P.55

12 面積のはかり方と表し方 大きな面積の単位 (5) 名前

① 下の図は1km²の正方形です。（ ）にあてはまる数を書きましょう。また，km²の読みも書きましょう。

km²の読み方 **平方キロメートル**

② 1km²は何m²ですか。（ ）にあてはまる数を書きましょう。

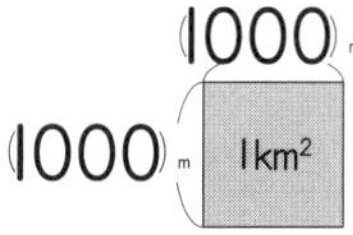

$（1000）m$ $1km = （1000）m$

mの単位を使って1km²の面積を求めましょう。

$（1000） \times （1000） = 1000000$
$1km² = 1000000$

12 面積のはかり方と表し方 大きな面積の単位 (6) 名前

① 下の長方形や正方形の土地の面積を求めましょう。

①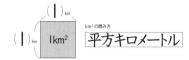

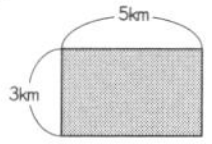

式 $3 \times 5 = 15$
答え **15km²**

② 正方形

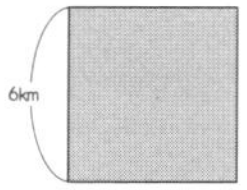

式 $6 \times 6 = 36$
答え **36km²**

② 下の長方形の面積は何km²ですか。また，それは何m²ですか。

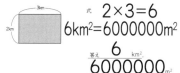

式 $2 \times 3 = 6$
$6km² = 6000000m²$

答え **6** km², **6000000** m²

55

解答

児童に実施させる前に，必ず指導される方が問題を解いてください。本書の解答は，あくまでも1つの例です。指導される方の作られた解答をもとに，本書の解答例を参考に児童の多様な考えに寄り添って○つけをお願いします。

P.56

12 面積のはかり方と表し方 大きな面積の単位 (7)

月　日　名前

● 面積の単位の整理をします。( ) にあてはまる単位 (cm^2, m^2, a, ha, km^2) を書きましょう。また，下の問いに答えましょう。

	正方形の1辺の長さ	正方形の面積
1cm	1cm	1 (cm^2)
10cm	10cm	100 (cm^2)
1m	1m 100cm	1 (m^2) $10000cm^2$
10m	10m	1 (a) $100m^2$
100m	100m	1 (ha) $10000m^2$
1km	1km 1000m	1 (km^2) $1000000m^2$

○ 正方形の1辺の長さが10倍になると，面積は何倍になりますか。

(100倍)

12 面積のはかり方と表し方 大きな面積の単位 (8)

月　日　名前

● ( ) にあてはまる数を書きましょう。

① $1m^2$ = (10000) cm^2

② $40000cm^2$ = (4) m^2

③ 1a = (100) m^2

④ 3a = (300) m^2

⑤ $200m^2$ = (2) a

⑥ 1ha = (10000) m^2

⑦ $50000m^2$ = (5) ha

⑧ 1ha = (100) a

⑨ $1km^2$ = (1000000) m^2

⑩ $1km^2$ = (100) ha

56

P.57

12 面積のはかり方と表し方 長方形のたての長さと面積の関係

月　日　名前

1 まわりの長さが28cmになるように，長方形や正方形をつくります。

① たての長さが次のときの，横の長さと長方形の面積を求めましょう。

㋐ たての長さが1cmのとき　横の長さ (13) cm

面積 式 $1\times13=13$　答え $13cm^2$

㋑ たての長さが2cmのとき　横の長さ (12) cm

面積 式 $2\times12=24$　答え $24cm^2$

㋒ たての長さが3cmのとき　横の長さ (11) cm

面積 式 $3\times11=33$　答え $33cm^2$

② まわりの長さが28cmの長方形や正方形の，たてと横の長さと面積の関係を，表にまとめましょう。

たて (cm)	1	2	3	4	5	6	7	8	9	10	11	12	13
横 (cm)	13	12	11	10	9	8	7	6	5	4	3	2	1
面積 (cm^2)	13	24	33	40	45	48	49	48	45	40	33	24	13

2 まわりの長さが28cmになるように，長方形や正方形をつくります。

たて (cm)	1	2	3	4	5	6	7	8	9	10	11	12	13
横 (cm)	13	12	11	10	9	8	7	6	5	4	3	2	1
面積 (cm^2)	13	24	33	40	45	48	49	48	45	40	33	24	13

① 面積がいちばん大きくなるのは，どんなときですか。

(1辺が7cmの正方形のとき)

② たての長さと面積の変わり方を，折れ線グラフに表しましょう。

57

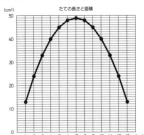

P.58

12 ふりかえり・たしかめ (1) 面積のはかり方と表し方

月　日　名前

● 次の面積を求めましょう。

① 長方形

式 $7\times4=28$　答え $28cm^2$

② 正方形

式 $5\times5=25$　答え $25cm^2$

③ たて6km，横8kmの土地の面積

式 $6\times8=48$　答え $48km^2$

④ たて20m，横50mの畑の面積は何m^2ですか。また，何aですか。

式 $20\times50=1000$
$1000m^2=10a$

答え 1000 m^2，10 a

12 ふりかえり・たしかめ (2) 面積のはかり方と表し方

月　日　名前

1 次の面積はどれくらいでしょうか。ふさわしい面積を選んで，( ) に記号を書きましょう。

① 算数のノートの面積

㋐ $45cm^2$　㋑ $90cm^2$　㋒ $450cm^2$　㋓ $900cm^2$

(㋒)

② 教室の面積

㋐ $20m^2$　㋑ $70m^2$　㋒ $200m^2$　㋓ $700m^2$

(㋑)

2 ( ) にあてはまる面積の単位を，下の□から選んで書きましょう。

① はがきの面積　およそ150 (cm^2)

② 体育館の面積　およそ600 (m^2)

③ サッカーコートの面積　およそ4000 (m^2)

④ 埼玉県の面積　およそ3800 (km^2)

cm^2　m^2　km^2

58

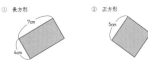

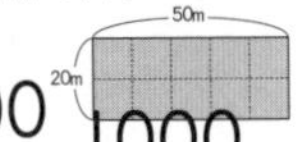

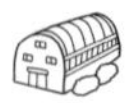

P.59

12 ふりかえり・たしかめ (3) 面積のはかり方と表し方

月　日　名前

1 下のような形の面積を求めましょう。

①

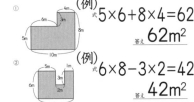

(例) 式 $5\times6+8\times4=62$　答え $62m^2$

②

(例) 式 $6\times8-3\times2=42$　答え $42m^2$

2 ここなさんは，下のような面積を，右の図のようにして求めました。ここなさんの考えを式にします。□にあてはまる数を書きましょう。

式 $9\times(9+\boxed{3})\div2=9\times\boxed{12}\div2$
$=\boxed{108}\div2$
$=\boxed{54}$

12 ふりかえり・たしかめ (4) 面積のはかり方と表し方

月　日　名前

1 下の長方形の横の長さを求めましょう。

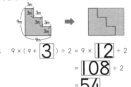

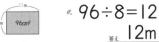

式 $96\div8=12$　答え 12m

2 たて200m，横300mの長方形の畑があります。

① この畑の面積は何m^2ですか。

式 $200\times300=60000$　答え $60000m^2$

② この畑の面積は何haですか。　(6 ha)

③ この畑の面積は何aですか。　(600 a)

3 ( ) にあてはまる数を書きましょう。

① $1m^2$ = (10000) cm^2

② $1km^2$ = (1000000) m^2

59

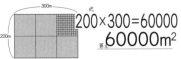

P.60

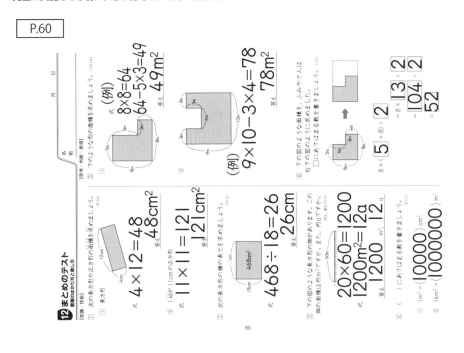

12 まとめのテスト 面積のはかり方と表し方

名前　月　日

【知識・技能】

1 次の長方形や正方形の面積を求めましょう。（5×4）

① 長方形（12cm，4cm）

式 4×12=48　答え 48cm²

② 1辺が11cmの正方形

式 11×11=121　答え 121cm²

2 次の長方形の横の長さを求めましょう。（5×2）（468cm²，18cm）

式 468÷18=26　答え 26cm

3 下の図のような長方形の畑があります。この畑の面積は何m²ですか。また，何aですか。（式，答え5×2）（60m）

式 20×60=1200　1200m²=12a　答え 1200 m²，12 a

4 （　）にあてはまる数を書きましょう。（5×2）

① 1m²=（10000）cm²

② 1km²=（1000000）m²

【思考・判断・表現】

5 下のような形の面積を求めましょう。（10×4）

① （例）式 8×8=64　64−5×3=49　答え 49m²

② （例）式 9×10−3×4=78　答え 78m²

6 下の図のような面積を，ふみやさんは右下の図のように求めました。□にあてはまる数を書きましょう。（10）

8×（5+8）÷2 = 8×13÷2 = 104÷2 = 52

60

P.61

13 小数のかけ算とわり算 小数のかけ算（1）

名前　月　日

1 このコップに水が0.4L入っています。このコップ3こ分では，水は全部で何Lになりますか。

① 式を書きましょう。（0.4×3）

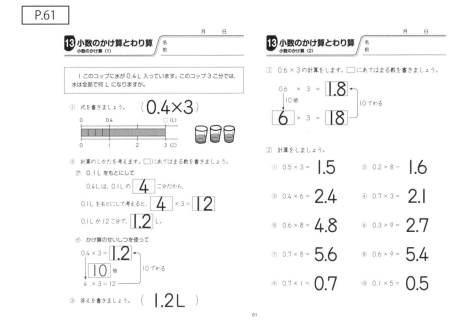

② 計算のしかたを考えます。□にあてはまる数を書きましょう。

㋐ 0.1Lをもとにして

0.4Lは，0.1Lの 4 こ分だから，

0.1Lをもとにして考えると，4 ×3= 12

0.1Lが12こで，1.2 L。

㋑ かけ算のせいしつを使って

0.4×3= 1.2　10倍　4×3=12　10でわる

③ 答えを書きましょう。（1.2L）

61

13 小数のかけ算とわり算 小数のかけ算（2）

名前　月　日

1 0.6×3の計算をします。□にあてはまる数を書きましょう。

0.6 × 3 = 1.8　10倍　6 × 3 = 18　10でわる

2 計算をしましょう。

① 0.5×3= 1.5　② 0.2×8= 1.6

③ 0.4×6= 2.4　④ 0.7×3= 2.1

⑤ 0.6×8= 4.8　⑥ 0.3×9= 2.7

⑦ 0.7×8= 5.6　⑧ 0.6×9= 5.4

⑨ 0.7×1= 0.7　⑩ 0.1×5= 0.5

P.62

13 小数のかけ算とわり算 小数のかけ算（3）

名前　月　日

1 2.4×6の筆算を，24×6の計算をもとにして考えましょう。

① 24×6の筆算をしましょう。　144

② 2.4×6の筆算をしましょう。小数点をうちましょう。　14.4

2 整数の計算をもとにして，右の式の積を求めましょう。

① 27×4=108 ➡ 2.7×4=（10.8）

② 84×7=588 ➡ 8.4×7=（58.8）

③ 97×6=582 ➡ 9.7×6=（58.2）

④ 87×5=435 ➡ 8.7×5=（43.5）

62

13 小数のかけ算とわり算 小数のかけ算（4）

名前　月　日　小数第一位×1けた

① 7.5×5　37.5　② 8.2×6　49.2　③ 6.8×4　27.2

④ 9.8×7　68.6　⑤ 9.4×2　18.8　⑥ 8.4×3　25.2

⑦ 2.7×9　24.3　⑧ 7.3×6　43.8　⑨ 7.5×7　52.5

⑩ 1.5×9　13.5　⑪ 6.7×8　53.6　⑫ 6.6×8　52.8

⑬ 7.7×7　53.9　⑭ 8.9×8　71.2　⑮ 3.9×6　23.4

P.63

13 小数のかけ算とわり算 小数のかけ算（5）

名前　月　日　小数第一位×1けた

1 次の計算を筆算でしましょう。

① 4.7×5　23.5　② 7.2×7　50.4　③ 8.8×8　70.4

④ 29.6×4　118.4　⑤ 73.1×8　584.8　⑥ 98.2×9　883.8

⑦ 43.6×3　130.8　⑧ 52.4×4　209.6　⑨ 53.6×2　107.2

トライ 2 □に数字を入れて，正しい筆算をつくりましょう。

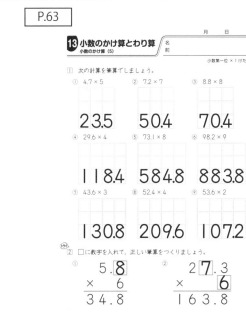

① 5.8 × 6 = 34.8

② 27.3 × 6 = 163.8

63

13 小数のかけ算とわり算 小数のかけ算（6）

名前　月　日　小数第一位×1けた

1 次の計算を筆算でしましょう。

① 0.4×2　0.8　② 0.2×3　0.6　③ 0.3×3　0.9　④ 0.5×6　3.0

2 次の計算を筆算でしましょう。

① 7.6×5　38.0　② 8.6×5　43.0　③ 2.4×5　12.0

④ 7.5×8　60.0　⑤ 2.5×8　20.0　⑥ 2.5×4　10.0

⑦ 13.5×6　81.0　⑧ 17.5×8　140.0　⑨ 12.5×8　100.0

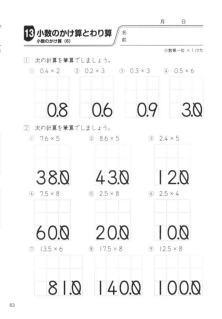

P.64

⑬ 小数のかけ算とわり算
小数のかけ算 (7)　名前　月　日

小数第一位 × １けた

① 次の計算を筆算でしましょう。

① 0.3 × 2 → 0.6　② 0.7 × 8 → 5.6　③ 0.6 × 9 → 5.4　④ 0.8 × 5 → 4.0

⑤ 1.8 × 5 → 9.0　⑥ 5.5 × 6 → 33.0　⑦ 6.4 × 5 → 32.0

⑧ 24.5 × 2 → 49.0　⑨ 42.5 × 4 → 170.0　⑩ 27.5 × 8 → 220.0

② □に数字を入れて，正しい筆算をつくりましょう。また，必要のない０に＼を書きましょう。

①
```
  0.8
×   7
  5.6
```
②
```
 47.6
×   5
238.0
```
③
```
 62.5
×   6
375.0
```

⑬ 小数のかけ算とわり算
小数のかけ算 (8)　名前　月　日

小数第一位 × ２けた

① 6.7 × 34 → 227.8　② 0.8 × 73 → 58.4　③ 3.7 × 35 → 129.5

④ 8.5 × 68 → 578.0　⑤ 27.5 × 23 → 632.5　⑥ 96.3 × 28 → 2696.4

⑦ 43.6 × 25 → 1090.0　⑧ 25.8 × 40 → 1032.0　⑨ 47.5 × 60 → 2850.0

P.65

⑬ 小数のかけ算とわり算
小数のかけ算 (9)　名前　月　日

① 水を１このバケツに4.8L ずつ入れます。そのバケツが16こあると，水は何 L いりますか。

式 $4.8 × 16 = 76.8$

答え 76.8L

② 5.2m の17倍の長さは何 m ですか。

式 $5.2 × 17 = 88.4$

答え 88.4m

③ 16.5kg の20倍の重さは何 kg ですか。

式 $16.5 × 20 = 330.0$

答え 330kg

⑬ 小数のかけ算とわり算
小数のかけ算 (10)　名前　月　日

小数第二位 × １けた

① 整数の計算をもとにして，右の式の積を求めましょう。

① 413 × 6 = 2478 ➡ 4.13 × 6 = (24.78)

② 829 × 5 = 4145 ➡ 8.29 × 5 = (41.45)

③ 307 × 9 = 2763 ➡ 3.07 × 9 = (27.63)

② 次の計算を筆算でしましょう。

① 3.91 × 2 → 7.82　② 7.53 × 4 → 30.12　③ 8.02 × 9 → 72.18

④ 6.34 × 6 → 38.04　⑤ 5.47 × 8 → 43.76　⑥ 4.84 × 7 → 33.88

⑦ 0.37 × 2 → 0.74　⑧ 0.18 × 9 → 1.62　⑨ 0.26 × 3 → 0.78

P.66

⑬ 小数のかけ算とわり算
小数のかけ算 (11)　名前　月　日

小数第二位 × １けた・２けた

① 3.84 × 6 → 23.04　② 7.04 × 8 → 56.32　③ 0.18 × 3 → 0.54

④ 2.15 × 6 → 12.90　⑤ 2.28 × 5 → 11.40　⑥ 3.75 × 4 → 15.00

⑦ 2.37 × 32 → 75.84　⑧ 5.81 × 46 → 267.26　⑨ 9.52 × 58 → 552.16

⑩ 8.67 × 64 → 554.88　⑪ 7.76 × 34 → 263.84　⑫ 8.09 × 29 → 234.61

⑬ 小数のかけ算とわり算
小数のかけ算 (12)　名前　月　日

小数第二位 × １けた・２けた

① （　）にあてはまる数を書きましょう。

① 2.43 × 5 の計算をします。
2.43を(100)倍して243 × 5 の計算をして，その積1215を(100)でわって，答えは(12.15)です。

② 4.03 × 8 の計算をします。
4.03は0.01の(403)こ分なので0.01をもとにして考えると，(403) × 8 = (3224)です。
0.01が3224こ分なので，答えは(32.24)です。

② 次の計算を筆算でしましょう。

① 7.65 × 7 → 53.55　② 2.06 × 5 → 10.30　③ 0.39 × 4 → 1.56

④ 4.99 × 16 → 79.84　⑤ 9.08 × 75 → 681.00　⑥ 6.76 × 84 → 567.84

P.67

⑬ 小数のかけ算とわり算
小数のかけ算 (13)　名前　月　日

① テープを１人に0.85m ずつ配ります。28人に配るには，テープは何 m いりますか。

式 $0.85 × 28 = 23.8$

答え 23.8m

② １さつ0.56kg の辞典があります。この辞典15さつの重さは何 kg ですか。

式 $0.56 × 15 = 8.40$

答え 8.4kg

③ 毎朝2.45km の散歩をします。１か月 (30 日) では，何 km 歩くことになりますか。

式 $2.45 × 30 = 73.50$

答え 73.5km

⑬ 小数のかけ算とわり算
小数のかけ算 (14)　名前　月　日

１こ0.4kg のかんづめがあります。このかんづめ□こでは，何 kg になりますか。

① □が，次のこ数のときのかんづめの重さを求めましょう。

２このとき
式 $0.4 × 2 = 0.8$

答え 0.8kg

３このとき
式 $0.4 × 3 = 1.2$

答え 1.2kg

② □の数が4，5，6，7，8のとき，全部の重さを求めまとめましょう。

かんづめのこ数 (こ)	1	2	3	4	5	6	7	8
全部の重さ (kg)	0.4	0.8	1.2	1.6	2	2.4	2.8	3.2

③ かんづめのこ数が2倍，3倍，…になると，全部の重さはどのように変わりますか。

(2倍，3倍，…になる。)

P.68

13 小数のかけ算とわり算
小数のわり算 (1)　名前

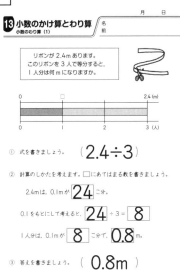

リボンが 2.4m あります。
このリボンを 3 人で等分すると，
1 人分は何 m になりますか。

① 式を書きましょう。　（ 2.4÷3 ）

② 計算のしかたを考えます。□にあてはまる数を書きましょう。

2.4m は，0.1m が $\boxed{24}$ こ分。

0.1 をもとにして考えると，$\boxed{24}$ ÷3＝$\boxed{8}$

1 人分は，0.1m が $\boxed{8}$ こ分で，$\boxed{0.8}$ m。

③ 答えを書きましょう。　（ 0.8m ）

13 小数のかけ算とわり算
小数のわり算 (2)　名前

● 計算をしましょう。

① 3.9÷3 ＝ 1.3　　② 4.8÷4 ＝ 1.2

③ 9.6÷3 ＝ 3.2　　④ 8.4÷2 ＝ 4.2

⑤ 1.2÷4 ＝ 0.3　　⑥ 1.8÷6 ＝ 0.3

⑦ 2.8÷7 ＝ 0.4　　⑧ 4.8÷8 ＝ 0.6

⑨ 3.6÷9 ＝ 0.4　　⑩ 4.2÷6 ＝ 0.7

⑪ 4.5÷5 ＝ 0.9　　⑫ 3.2÷8 ＝ 0.4

⑬ 3.5÷7 ＝ 0.5　　⑭ 5.4÷6 ＝ 0.9

P.69

13 小数のかけ算とわり算
小数のわり算 (3)　名前

① 6.4÷2 の計算のしかたについて，□にあてはまる数を書きましょう。

① 一の位と $\frac{1}{10}$ の位に分けて

6.4 を 6 と $\boxed{0.4}$ に分けて，

$\boxed{6}$ ÷2＝$\boxed{3}$

$\boxed{0.4}$ ÷2＝$\boxed{0.2}$

答えは，あわせて $\boxed{3.2}$

② 0.1 をもとにして

6.4 は，0.1 の $\boxed{64}$ こ分。

$\boxed{64}$ ÷2＝$\boxed{32}$

0.1 が 32 こなので，

答えは $\boxed{3.2}$

③ わられる数を 10 倍して

6.4 を $\boxed{10}$ 倍して，64÷2 の計算をする。

その商 32 を $\boxed{10}$ でわって，答えは $\boxed{3.2}$

② 計算をしましょう。

① 3.9÷3 ＝ 1.3　　② 8.2÷2 ＝ 4.1

③ 8.4÷4 ＝ 2.1

13 小数のかけ算とわり算
小数のわり算 (4)　名前
小数第一位÷1けた

① 8.4÷3 の筆算のしかたを説明します。
□には数を，（ ）にはことばを書きましょう。

①
```
   2
3)8.4
  6
  2
```
一の位の $\boxed{8}$ を $\boxed{3}$ でわる。

②
```
   2
3)8.4
  6
  2
```
わられる数にそろえて，商の（ 小数点 ）をうつ。

③
```
   2.
3)8.4
  6
  24
```
$\frac{1}{10}$ の位の $\boxed{4}$ をおろす。

④
```
   2.8
3)8.4
  6
  24
  24
   0
```
$\boxed{24}$ を $\boxed{3}$ でわる。

② 次の計算を筆算でしましょう。

① 9.6÷8 = 1.2　② 7.2÷2 = 3.6　③ 4.2÷3 = 1.4　④ 8.5÷5 = 1.7

⑤ 7.5÷3 = 2.5　⑥ 8.4÷6 = 1.4　⑦ 9.1÷7 = 1.3　⑧ 9.6÷6 = 1.6

P.70

13 小数のかけ算とわり算
小数のわり算 (5)　名前
小数第一位÷1けた

① 次の計算を筆算でしましょう。

① 7.6÷2 = 3.8　② 7.2÷4 = 1.8　③ 8.4÷3 = 2.8　④ 9.5÷5 = 1.9

⑤ 9.2÷4 = 2.3　⑥ 8.7÷3 = 2.9　⑦ 7.8÷6 = 1.3　⑧ 5.2÷4 = 1.3

⑨ 9.8÷2 = 4.9　⑩ 9.8÷7 = 1.4　⑪ 7.5÷5 = 1.5　⑫ 9.6÷8 = 1.2

② 8.4L のお茶を 6 人の水とうに等分します。1 人分は何 L になりますか。

式 8.4÷6＝1.4　　答え 1.4L

13 小数のかけ算とわり算
小数のわり算 (6)　名前

① 次の計算を筆算でしましょう。

① 3.6÷2 = 1.8　② 8.7÷3 = 2.9　③ 7.6÷4 = 1.9　④ 6.5÷5 = 1.3

⑤ 9.6÷4 = 2.4　⑥ 8.4÷7 = 1.2　⑦ 7.2÷6 = 1.2　⑧ 4.5÷3 = 1.5

② □に数字を入れて，正しい筆算をつくりましょう。

```
   1.7
5)8.5
  5
  35
  35
   0
```

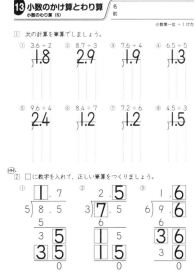
```
   2.5
3)7.5
  6
  15
  15
   0
```

```
   1.6
6)9.6
  6
  36
  36
   0
```

P.71

13 小数のかけ算とわり算
小数のわり算 (7)　名前

① 31.6÷2 = 15.8　② 52.8÷3 = 17.6　③ 71.6÷4 = 17.9　④ 82.5÷5 = 16.5

⑤ 93.5÷5 = 18.7　⑥ 98.4÷6 = 16.4　⑦ 75.6÷3 = 25.2　⑧ 92.4÷7 = 13.2

⑨ 99.2÷8 = 12.4　⑩ 44.4÷3 = 14.8　⑪ 77.7÷3 = 25.9　⑫ 88.8÷3 = 29.6

13 小数のかけ算とわり算
小数のわり算 (8)　名前
小数第一位÷1けた

① 次の計算を筆算でしましょう。

① 25.8÷3 = 8.6　② 30.4÷4 = 7.6　③ 60.2÷7 = 8.6　④ 52.2÷9 = 5.8

⑤ 41.4÷6 = 6.9　⑥ 62.4÷8 = 7.8　⑦ 20.4÷3 = 6.8　⑧ 11.2÷2 = 5.6

⑨ 38.8÷4 = 9.7　⑩ 37.5÷5 = 7.5　⑪ 42.7÷7 = 6.1　⑫ 81.9÷9 = 9.1

② 19.2kg のねん土を 4 人で等分すると，1 人分は何 kg ですか。

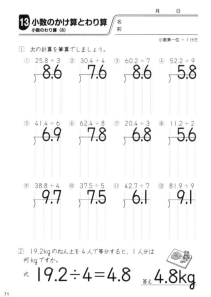

式 19.2÷4＝4.8　　答え 4.8kg

P.72

⑬ 小数のかけ算とわり算 — 小数のわり算（9）　名前
小数第一位 ÷ 1けた（商が真小数）

□ 次の計算を筆算でしましょう。

① 1.8÷3 = 0.6　② 5.6÷8 = 0.7　③ 2.7÷9 = 0.3　④ 4.2÷6 = 0.7

⑤ 2.4÷4 = 0.6　⑥ 3.5÷5 = 0.7　⑦ 4.8÷8 = 0.6　⑧ 7.2÷9 = 0.8

⑨ 1.2÷2 = 0.6　⑩ 3.2÷4 = 0.8　⑪ 1.5÷3 = 0.5　⑫ 3.6÷6 = 0.6

② 白のテープの長さは，緑のテープの長さの4倍で，2.8mです。緑のテープの長さは何mですか。
式 2.8÷4=0.7　答え 0.7m

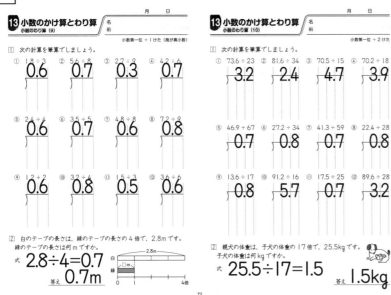

⑬ 小数のかけ算とわり算 — 小数のわり算（10）　名前
小数第一位 ÷ 2けた

□ 次の計算を筆算でしましょう。

① 73.6÷23 = 3.2　② 81.6÷34 = 2.4　③ 70.5÷15 = 4.7　④ 70.2÷18 = 3.9

⑤ 46.9÷67 = 0.7　⑥ 27.2÷34 = 0.8　⑦ 41.3÷59 = 0.7　⑧ 22.4÷28 = 0.8

⑨ 13.6÷17 = 0.8　⑩ 91.2÷16 = 5.7　⑪ 17.5÷25 = 0.7　⑫ 89.6÷28 = 3.2

② 親犬の体重は，子犬の体重の17倍で，25.5kgです。子犬の体重は何kgですか。
式 25.5÷17=1.5　答え 1.5kg

72

P.73

⑬ 小数のかけ算とわり算 — 小数のわり算（11）　名前
小数第一位 ÷ 2けた

□ 次の計算を筆算でしましょう。

① 86.4÷24 = 3.6　② 60.8÷19 = 3.2　③ 48.6÷27 = 1.8　④ 93.6÷36 = 2.6

⑤ 14.4÷18 = 0.8　⑥ 34.2÷57 = 0.6　⑦ 24.3÷27 = 0.9　⑧ 24.5÷35 = 0.7

⑨ 17.4÷29 = 0.6　⑩ 73.1÷17 = 4.3　⑪ 89.6÷28 = 3.2　⑫ 13.3÷19 = 0.7

② 26人に同じ長さのテープを配ると，20.8mいりました。1人に何mずつ配ったのですか。また，それは何cmですか。
式 20.8÷26 = 0.8　答え 0.8 m，80 cm

⑬ 小数のかけ算とわり算 — 小数のわり算（12）　名前
小数第二位 ÷ 1けた・2けた

① 9.36÷4 = 2.34　② 7.29÷3 = 2.43　③ 9.05÷5 = 1.81　④ 7.28÷7 = 1.04

⑤ 3.57÷17 = 0.21　⑥ 8.05÷23 = 0.35　⑦ 5.75÷25 = 0.23　⑧ 9.36÷18 = 0.52

⑨ 7.74÷6 = 1.29　⑩ 7.35÷15 = 0.49　⑪ 8.32÷4 = 2.08　⑫ 8.12÷28 = 0.29

73

P.74

⑬ 小数のかけ算とわり算 — 小数のわり算（13）　名前
小数第二位 ÷ 1けた・2けた

□ 7.88kgのお米を4ふくろに等分して入れます。1ふくろのお米は何kgですか。
式 7.88÷4=1.97　答え 1.97kg

② 8.64Lのジュースを，32人で等分します。1人分は何Lになりますか。また，それは何mLですか。
式 8.64÷32=0.27　答え 0.27 L，270 mL

③ 次の計算を筆算でしましょう。
① 8.28÷3 = 2.76　② 6.24÷16 = 0.39　③ 7.29÷27 = 0.27　④ 9.18÷18 = 0.51

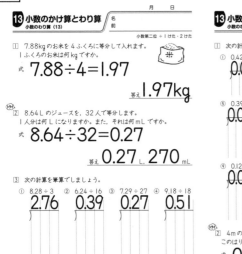

⑬ 小数のかけ算とわり算 — 小数のわり算（14）　名前
商が真小数

□ 次の計算を筆算でしましょう。

① 0.42÷6 = 0.07　② 0.56÷14 = 0.04　③ 3.68÷46 = 0.08　④ 1.68÷28 = 0.06

⑤ 0.392÷8 = 0.049　⑥ 0.474÷6 = 0.079　⑦ 0.372÷62 = 0.006　⑧ 0.304÷38 = 0.008

⑨ 0.126÷18 = 0.007　⑩ 5.44÷68 = 0.08　⑪ 0.392÷7 = 0.056　⑫ 0.783÷9 = 0.087

② 4mののり金があります。重さは0.264kgでした。このり金1mの重さは何kgですか。また，何gですか。
式 0.264÷4=0.066　0.066kg=66g　答え 0.066 kg，66 g

74

P.75

⑬ 小数のかけ算とわり算 — 小数のわり算（15）　名前
商が真小数

□ 次の計算を筆算でしましょう。

① 0.63÷7 = 0.09　② 0.48÷6 = 0.08　③ 0.75÷15 = 0.05　④ 4.76÷68 = 0.07

⑤ 0.273÷7 = 0.039　⑥ 0.696÷8 = 0.087　⑦ 0.148÷4 = 0.037　⑧ 0.129÷3 = 0.043

⑨ 0.128÷32 = 0.004　⑩ 0.119÷17 = 0.007　⑪ 0.224÷28 = 0.008　⑫ 0.114÷19 = 0.006

② ある数を23でわるのを，まちがえて23をかけたので，答えが2.645になりました。正しい答えを求めましょう。
① ある数を求めましょう。 ［ある数］×23=2.645
式 2.645÷23=0.115　答え 0.115
② ある数を23でわって，正しい答えを求めましょう。
式 0.115÷23=0.005　答え 0.005

⑬ 小数のかけ算とわり算 — 小数のわり算（16）　名前

□ お茶が23.5dLあります。1このコップに3dLずつ入れます。コップ何こに分けできて，何dLあまりますか。
式 23.5÷3=7あまり2.5　答え 7こできて，2.5dLあまる。

けん算をしましょう。
3×[7]+[2.5]=[23.5]

② 商は一の位まで求め，あまりも出しましょう。また，けん算もしましょう。
① 58.2÷4 = 14 あまり 2.2　② 40.9÷9 = 4 あまり 4.9　③ 73.6÷14 = 5 あまり 3.6

けん算
① （4×14+2.2=58.2）
② （9×4+4.9=40.9）
③ （14×5+3.6=73.6）

75

P.76

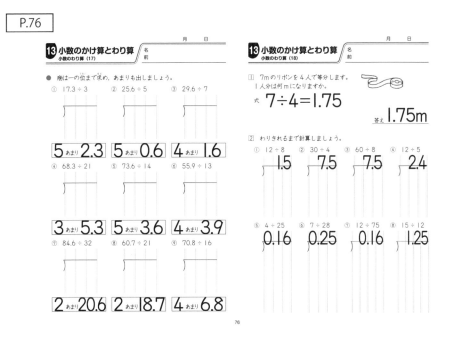

13 小数のかけ算とわり算　小数のわり算 (17)

● 商は一の位まで求め、あまりも出しましょう。

① 17.3÷3　② 25.6÷5　③ 29.6÷7
5あまり2.3　5あまり0.6　4あまり1.6

④ 68.3÷21　⑤ 73.6÷14　⑥ 55.9÷13
3あまり5.3　5あまり3.6　4あまり3.9

⑦ 84.6÷32　⑧ 60.7÷21　⑨ 70.8÷16
2あまり20.6　2あまり18.7　4あまり6.8

13 小数のかけ算とわり算　小数のわり算 (18)

① 7mのリボンを4人で等分します。1人分は何mになりますか。
式 7÷4=1.75　答え 1.75m

② わりきれるまで計算しましょう。
① 12÷8　② 30÷4　③ 60÷8　④ 12÷5
1.5　7.5　7.5　2.4

⑤ 4÷25　⑥ 7÷28　⑦ 12÷75　⑧ 15÷12
0.16　0.25　0.16　1.25

76

P.77

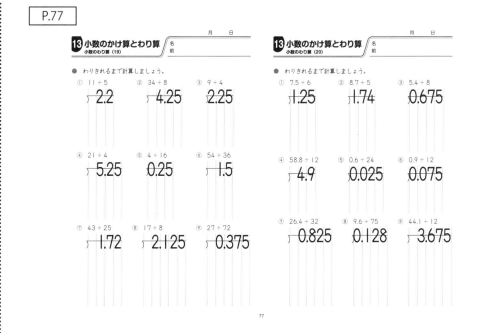

13 小数のかけ算とわり算　小数のわり算 (19)

● わりきれるまで計算しましょう。
① 11÷5　② 34÷8　③ 9÷4
2.2　4.25　2.25

④ 21÷4　⑤ 4÷16　⑥ 54÷36
5.25　0.25　1.5

⑦ 43÷25　⑧ 17÷8　⑨ 27÷72
1.72　2.125　0.375

13 小数のかけ算とわり算　小数のわり算 (20)

● わりきれるまで計算しましょう。
① 7.5÷6　② 8.7÷5　③ 5.4÷8
1.25　1.74　0.675

④ 58.8÷12　⑤ 0.6÷24　⑥ 0.9÷12
4.9　0.025　0.075

⑦ 26.4÷32　⑧ 9.6÷75　⑨ 44.1÷12
0.825　0.128　3.675

77

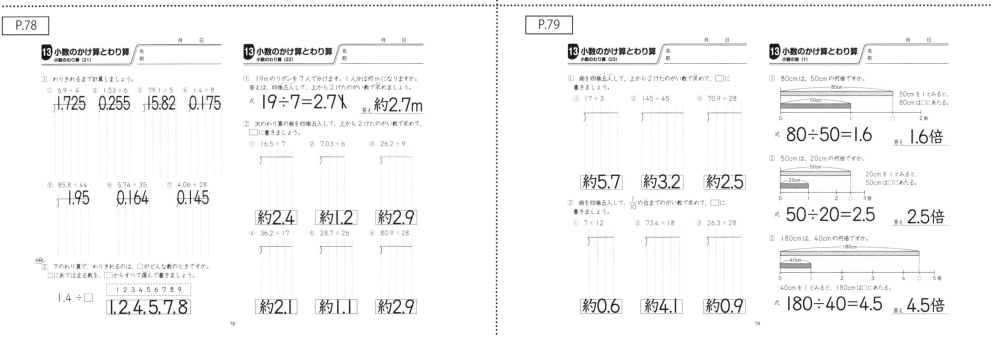

P.78

13 小数のかけ算とわり算　小数のわり算 (21)

① わりきれるまで計算しましょう。
① 6.9÷4　② 1.53÷6　③ 79.1÷5　④ 1.4÷8
1.725　0.255　15.82　0.175

⑤ 85.8÷44　⑥ 5.74÷35　⑦ 4.06÷28
1.95　0.164　0.145

② 下のわり算で、わりきれるのは、□がどんな数のときですか。□にあてはまる数を、[　]からすべて選んで書きましょう。
1.4÷□
[1 2 3 4 5 6 7 8 9]
1, 2, 4, 5, 7, 8

13 小数のかけ算とわり算　小数のわり算 (22)

① 19mのリボンを7人で分けます。1人分は何mになりますか。答えは、四捨五入して、上から2けたのがい数で求めましょう。
式 19÷7=2.71…　約2.7m

② 次のわり算の商を四捨五入して、上から2けたのがい数で求めて、□に書きましょう。
① 16.5÷7　② 7.03÷6　③ 26.2÷9
約2.4　約1.2　約2.9

④ 36.2÷17　⑤ 28.7÷26　⑥ 80.9÷28
約2.1　約1.1　約2.9

78

P.79

13 小数のかけ算とわり算　小数のわり算 (23)

① 商を四捨五入して、上から2けたのがい数で求めて、□に書きましょう。
① 17÷3　② 145÷45　③ 70.9÷28
約5.7　約3.2　約2.5

② 商を四捨五入して、$\frac{1}{10}$の位までのがい数で求めて、□に書きましょう。
① 7÷12　② 73.4÷18　③ 26.3÷28
約0.6　約4.1　約0.9

13 小数のかけ算とわり算　小数の倍 (1)

① 80cmは、50cmの何倍ですか。
50cmを1とみると、80cmは□にあたる。
式 80÷50=1.6　答え 1.6倍

② 50cmは、20cmの何倍ですか。
20cmを1とみると、50cmは□にあたる。
式 50÷20=2.5　答え 2.5倍

③ 180cmは、40cmの何倍ですか。
40cmを1とみると、180cmは□にあたる。
式 180÷40=4.5　答え 4.5倍

79

P.80

⑬ 小数のかけ算とわり算
小数の倍 (2)　名前

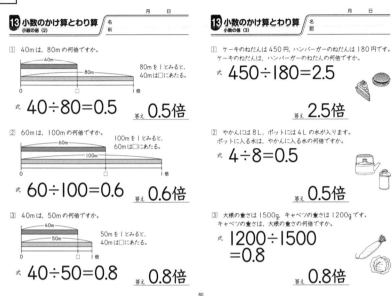

① 40mは，80mの何倍ですか。

80mを1とみると，40mは□にあたる。

式　40÷80=0.5　　答え 0.5倍

② 60mは，100mの何倍ですか。

100mを1とみると，60mは□にあたる。

式　60÷100=0.6　　答え 0.6倍

③ 40mは，50mの何倍ですか。

50mを1とみると，40mは□にあたる。

式　40÷50=0.8　　答え 0.8倍

⑬ 小数のかけ算とわり算
小数の倍 (3)　名前

① ケーキのねだんは450円，ハンバーガーのねだんは180円です。
ケーキのねだんは，ハンバーガーのねだんの何倍ですか。

式　450÷180=2.5

答え 2.5倍

② やかんには8L，ポットには4Lの水が入ります。
ポットに入る水は，やかんに入る水の何倍ですか。

式　4÷8=0.5

答え 0.5倍

③ 大根の重さは1500g，キャベツの重さは1200gです。
キャベツの重さは，大根の重さの何倍ですか。

式　1200÷1500
=0.8

答え 0.8倍

P.81

⑬ ふりかえり・たしかめ (1)
小数のかけ算とわり算　名前

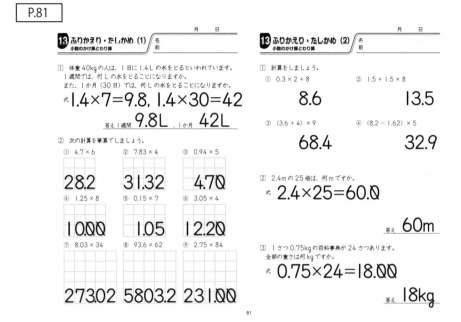

① 体重40kgの人は，1日に1.4Lの水をとるといわれています。
1週間では，何Lの水をとることになりますか。
また，1か月（30日）では，何Lの水をとることになりますか。

式　1.4×7=9.8, 1.4×30=42

答え 1週間 9.8L, 1か月 42L

② 次の計算を筆算でしましょう。

① 4.7×6　　② 7.83×4　　③ 0.94×5

28.2　　31.32　　4.70

④ 1.25×8　　⑤ 0.15×7　　⑥ 3.05×4

10.00　　1.05　　12.20

⑦ 8.03×34　　⑧ 93.6×62　　⑨ 2.75×84

273.02　　5803.2　　231.00

⑬ ふりかえり・たしかめ (2)
小数のかけ算とわり算　名前

① 計算をしましょう。

① 0.3×2+8　　② 1.5+1.5×8

8.6　　13.5

③ (3.6+4)×9　　④ (8.2-1.62)×5

68.4　　32.9

② 2.4mの25倍は，何mですか。

式　2.4×25=60.0

答え 60m

③ 1さつ0.75kgの百科事典が24さつあります。
全部の重さは何kgですか。

式　0.75×24=18.00

答え 18kg

P.82

⑬ ふりかえり・たしかめ (3)
小数のかけ算とわり算　名前

① 4.2÷6　　② 10.8÷27　　③ 0.63÷9　　④ 0.48÷12

0.7　　0.4　　0.07　　0.04

⑤ 8.4÷7　　⑥ 28.8÷8　　⑦ 53.2÷14　　⑧ 9.18÷34

1.2　　3.6　　3.8　　0.27

⑨ 62.9÷37　　⑩ 87.6÷4　　⑪ 25.08÷12　　⑫ 62.79÷273

1.7　　21.9　　2.09　　0.23

⑬ ふりかえり・たしかめ (4)
小数のかけ算とわり算　名前

① 商は一の位まで求め，あまりも出しましょう。
また，けん算もしましょう。

① 40.7÷6　　② 87.1÷4　　③ 76.5÷25

6 あまり 4.7　　21 あまり 3.1　　3 あまり 1.5

けん算　(6×6+4.7=40.7　)
(4×21+3.1=87.1　)
(25×3+1.5=76.5　)

② 6mの金ぞくのぼうの重さをはかったら，10.5kgでした。
このぼう1mの重さはおよそ何kgですか。
答えは四捨五入して，1/10の位までのがい数で求めましょう。

式　10.5÷6=1.75

答え 約1.8kg

P.83

⑬ ふりかえり・たしかめ (5)
小数のかけ算とわり算　名前

① わりきれるまで計算しましょう。

① 1.7÷5　　② 18÷24　　③ 5.2÷8　　④ 72÷75

0.34　　0.75　　0.65　　0.96

② 次の筆算はまちがっています。その理由を下から選んで，□に
記号を書き，正しく直しましょう。

① イ
1.25
×　4
5.00

② ア
0.216
×　14
864
216
3.024

③ ウ
1.75
4)7
4
30
28
20
20
0

⑦ 小数点の位置がちがう。
⑦ 0を消していない。
⑦ 小数点がない。

⑬ ふりかえり・たしかめ (6)
小数のかけ算とわり算　名前

● 右の図のような
金色，銀色，銅色
の3本のテープが
あります。

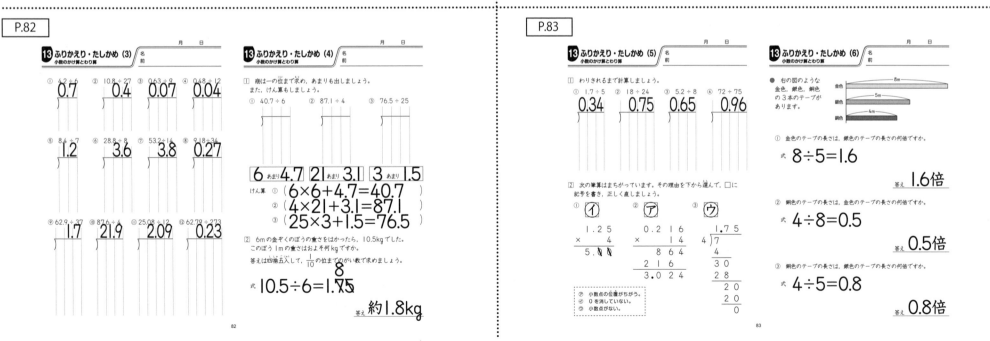

① 金色のテープの長さは，銀色のテープの長さの何倍ですか。

式　8÷5=1.6

答え 1.6倍

② 銅色のテープの長さは，金色のテープの長さの何倍ですか。

式　4÷8=0.5

答え 0.5倍

③ 銅色のテープの長さは，銀色のテープの長さの何倍ですか。

式　4÷5=0.8

答え 0.8倍

P.84

③ 18mのリボンを12人で等分します。1人分は何mになりますか。
式 $18 \div 12 = 1.5$
答え 1.5m

④ 1こ0.26kgのかんづめが25こあります。全部の重さは何kgですか。
式 $0.26 \times 25 = 6.50$
答え 6.5kg

⑤ 19.4mのロープを3mずつに分けます。3mのロープは何本できて，何mあまりますか。
式 $19.4 \div 3 = 6$ あまり 1.4
答え 6本できて，1.4mあまる。

⑥ 12Lで10kgの油があります。この油1Lの重さは何kgですか。答えは四捨五入して，$\frac{1}{10}$の位までの概数で求めましょう。
式 $10 \div 12 = 0.83\cdots$
答え 約0.8kg

⑦ 3kgは5kgの何倍ですか。
式 $3 \div 5 = 0.6$
答え 0.6倍

13 まとめのテスト　小数のかけ算とわり算

かけ算をしましょう。
① $0.23 \times 9 = 2.07$
② $4.5 \times 94 = 423.0$
③ $4.8 \times 6 = 28.8$
④ $8.4 \times 27 = 226.8$
⑤ $0.07 \times 13 = 0.91$
⑥ $0.75 \times 27 = 20.25$

わりきれるまで計算しましょう。
① $9.3 \div 5 = 1.86$
② $1 \div 4 = 0.25$
③ $3.4 \div 8 = 0.425$
④ $14.4 \div 32 = 0.45$

P.85

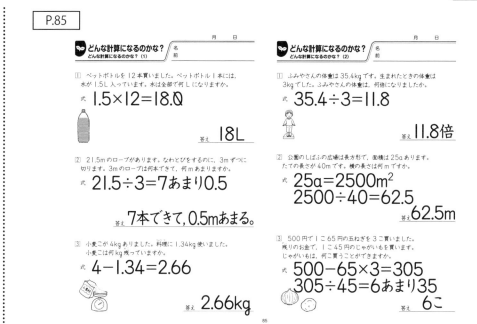

どんな計算になるのかな？(1)

① ペットボトルを12本買いました。ペットボトル1本には，水が1.5L入っています。水は全部で何Lになりますか。
式 $1.5 \times 12 = 18.0$
答え 18L

② 21.5mのロープがあります。なわとびをするのに，3mずつに切ります。3mのロープは何本できて，何mあまりますか。
式 $21.5 \div 3 = 7$ あまり 0.5
答え 7本できて，0.5mあまる。

③ 小麦こが4kgありました。料理に1.34kg使いました。小麦こは何kg残っていますか。
式 $4 - 1.34 = 2.66$
答え 2.66kg

どんな計算になるのかな？(2)

① ふみやさんの体重は35.4kgです。生まれたときの体重は3kgでした。ふみやさんの体重は，何倍になりましたか。
式 $35.4 \div 3 = 11.8$
答え 11.8倍

② 公園のしばふの広場は長方形で，面積は25aあります。たての長さが40mです。横の長さは何mですか。
式 $25a = 2500m^2$
$2500 \div 40 = 62.5$
答え 62.5m

③ 500円で1こ65円の玉ねぎを3こ買いました。残りのお金で，1こ45円のじゃがいもを買います。じゃがいもは，何こ買うことができますか。
式 $500 - 65 \times 3 = 305$
$305 \div 45 = 6$ あまり 35
答え 6こ

P.86

14 直方体と立方体　直方体と立方体 (1)

① 次の形を何といいますか。（　）にあてはまることばを書きましょう。
（直方体）…長方形だけ，または，長方形と正方形でかこまれた形
（立方体）…正方形だけでかこまれた形

② 下の2つの立体は，直方体とも立方体ともいえません。その理由を書きましょう。
（長方形や正方形でない面があるから。）

14 直方体と立方体　直方体と立方体 (2)

① 直方体と立方体の面，辺，頂点それぞれの数を，下の表にまとめましょう。

	面の数	辺の数	頂点の数
直方体	6	12	8
立方体	6	12	8

② 直方体と立方体の面と辺について，（　）にあてはまる数を書きましょう。

（長方形の面だけでかこまれた）直方体
面…形も大きさも同じ面が，（2）つずつ（3）組ある。
辺…長さの等しい辺が，（4）つずつ（3）組ある。

立方体
面…形も大きさも同じ面が，（6）つある。
辺…長さの等しい辺が，（12）本ある。

P.87

14 直方体と立方体　直方体と立方体 (3)

① 下の直方体には，どんな形の面が，それぞれいくつありますか。（　）にあてはまる数を書きましょう。
（例）
たて（4）cm，横（6）cmの長方形の面が，（2）つ
たて（4）cm，横（8）cmの長方形の面が，（2）つ
たて（8）cm，横（6）cmの長方形の面が，（2）つ

② 下の直方体には，それぞれどんな長さの辺がいくつありますか。
① 4cmの辺が4つ，5cmの辺が4つ，3cmの辺が4つ
② 4cmの辺が8つ，5cmの辺が4つ

14 直方体と立方体　直方体と立方体 (4)

● 次の直方体の展開図の続きをかきましょう。
①（例）
②（例）

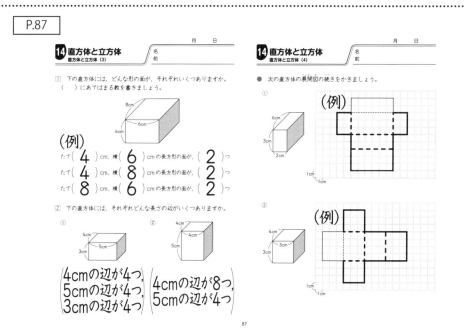

解答

児童に実施させる前に，必ず指導される方が問題を解いてください。本書の解答は，あくまでも１つの例です。指導される方の作られた解答をもとに，本書の解答例を参考に児童の多様な考えに寄り添って○つけをお願いします。

P.88

⑭ 直方体と立方体
直方体と立方体 (5)

● 次の直方体の展開図の続きをかきましょう。

① （例）

㉗② １つの頂点に
集まっている
３つの辺が，
4cm，4cm，
3cm の直方体

（例）

⑭ 直方体と立方体
直方体と立方体 (6)

● 下の図の中で，組み立てたら直方体になる展開図はどれですか。
□に記号を書きましょう。

⑦　④　⑦　④　㉗　㊋

[ア] [エ] [オ] [カ]

P.89

⑭ 直方体と立方体
直方体と立方体 (7)

● 次の立方体の展開図の続きをかきましょう。

① （例）

㉗② １辺の長さが
3cm の立方体

（例）

⑭ 直方体と立方体
直方体と立方体 (8)

● 下の図の中で，立方体の展開図として正しいのはどれですか。
□に記号を書きましょう。

[ア] [ウ] [エ] [オ] [カ] [キ]

P.90

⑭ 直方体と立方体
直方体と立方体 (9)

● 下の，直方体の展開図を組み立てます。下の問いに答えましょう。

① 点シと重なる点はどれですか。　点（ セ ）

② 点アと重なる点はどれですか。　点（ サ ）点（ ケ ）

③ 点カと重なる点はどれですか。　点（ イ ）点（ ク ）

④ 辺ウエと重なる辺はどれですか。　辺（ オエ ）

⑤ 辺ケクと重なる辺はどれですか。　辺（ アイ ）

⑥ 辺サシと重なる辺はどれですか。　辺（ アセ ）

⑭ 直方体と立方体
面や辺の垂直，平行 (1)

● 直方体の面と面の，垂直や平行について答えましょう。

① 面⑤に垂直な面をすべて書きましょう。
面（ う ）面（ え ）面（ お ）面（ か ）

② 面⑧に垂直な面をすべて書きましょう。
面（ あ ）面（ い ）面（ え ）面（ か ）

③ 面⑧に平行な面を書きましょう。
面（ い ）

④ 面⑦に平行な面を書きましょう。
面（ お ）

⑤ 直方体には，平行な２つの面が何組ありますか。
（ 3 ）組

P.91

⑭ 直方体と立方体
面や辺の垂直，平行 (2)

● 直方体の辺と辺の，垂直や平行について答えましょう。

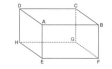

① 頂点Aを通って，辺AEに垂直な辺をすべて書きましょう。
辺（ AB ）辺（ AD ）

② 頂点Fを通って，辺FGに垂直な辺をすべて書きましょう。
辺（ FE ）辺（ FB ）

③ 辺ABに平行な辺をすべて書きましょう。
辺（ DC ）辺（ HG ）（ EF ）

④ 辺BFに平行な辺をすべて書きましょう。
辺（ AE ）辺（ CG ）辺（ DH ）

⑤ 直方体には，平行な辺がそれぞれいくつずつ何組ありますか。
（ 4 ）ずつ（ 3 ）組

⑭ 直方体と立方体
面や辺の垂直，平行 (3)

● 直方体の面と辺の，垂直や平行について答えましょう。

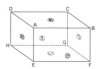

① 面⑧に垂直な辺をすべて書きましょう。
辺（ AE ）（ BF ）（ CG ）（ DH ）

② 面⑧に平行な辺をすべて書きましょう。
辺（ HE ）（ EF ）辺（ FG ）（ GH ）

③ 辺AEに垂直な面をすべて書きましょう。
面（ あ ）面（ い ）

④ 辺AEに平行な面をすべて書きましょう。
面（ う ）面（ え ）

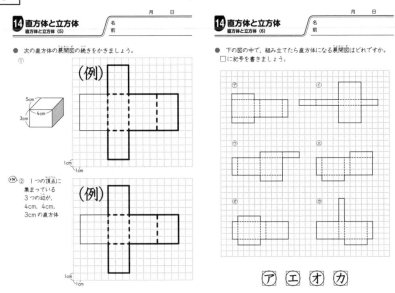
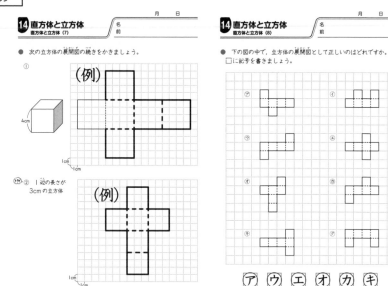
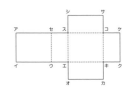

P.92

14 直方体と立方体　面や辺の垂直，平行 (4)　名前

● 下の図の続きをかいて，見取図を完成させましょう。

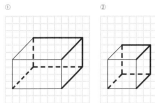

14 直方体と立方体　面や辺の垂直，平行 (5)　名前

● 下の図の続きをかいて，見取図を完成させましょう。

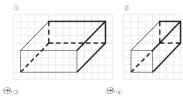

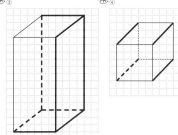

P.93

14 直方体と立方体　位置の表し方 (1)　名前

● 平面上の点の位置を表しましょう。

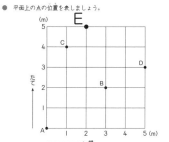

① 点B，C，Dの位置を，点Aをもとにして，横とたての長さで表しましょう。

点B（横 3 m，たて 2 m）
点C（横 1 m，たて 4 m）
点D（横 5 m，たて 3 m）

② 点E（横2m，たて5m）を，上の図の中にかきましょう。

14 直方体と立方体　位置の表し方 (2)　名前

● 下の図で，空間にある⑦〜㊀の位置を，点Aをもとにして，横とたての長さと高さで表しましょう。

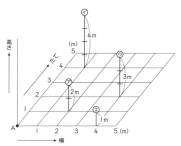

⑦（横 2 m，たて 1 m，高さ 2 m）
④（横 1 m，たて 4 m，高さ 4 m）
⑦（横 4 m，たて 2 m，高さ 3 m）
㊀（横 4 m，たて 0 m，高さ 1 m）

P.94

14 ふりかえり・たしかめ (1)　直方体と立方体　名前

● 下の，立方体の展開図を組み立てます。

① 次の点と重なる点を書きましょう。
点シ（点コ）　点エ（点イ）（点ク）

② 次の辺と重なる辺を書きましょう。
辺アイ（辺ケク）　辺エオ（辺クキ）

③ 次の面に平行な面を書きましょう。
面F（面E）　面A（面C）

④ 面Cに垂直な面を書きましょう。
（面B）（面D）（面E）（面F）

⑤ 辺サコに垂直な面を書きましょう。
（面B）（面D）

14 ふりかえり・たしかめ (2)　直方体と立方体　名前

① 直方体の，見取図と展開図の続きをかきましょう。

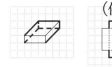

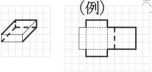

② 下の直方体で，頂点Aをもとにしたときの位置について考えましょう。

① 次の位置にある頂点はどれですか。
⑦（横4cm，たて0cm，高さ3cm）　頂点（F）
④（横0cm，たて5cm，高さ0cm）　頂点（D）

② 頂点Gの位置を表しましょう。
頂点G（横 4 cm，たて 5 cm，高さ 3 cm）

P.95

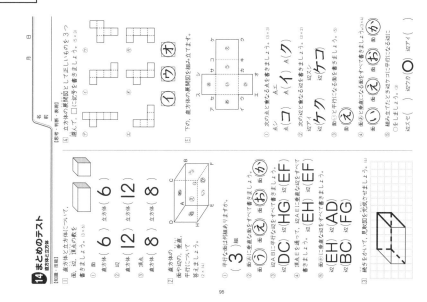

14 まとめのテスト　直方体と立方体

【知識・技能】

① 直方体と立方体について，面，辺，頂点の数を書きましょう。(3×6)
① 面　直方体（6）　立方体（6）
② 辺　直方体（12）　立方体（12）
③ 頂点　直方体（8）　立方体（8）

② 直方体の，面や辺の，垂直，平行について，答えましょう。
① 平行な面は何組ありますか。（3）組
② 面AB に平行な辺をすべて書きましょう。
面⑦（⑰）
③ 面⑦に平行な辺をすべて書きましょう。　辺（DC）（HG）
④ 頂点Aを通って，辺AEに垂直な辺をすべて書きましょう。　辺（EH）（EF）
⑤ 面⑦に垂直な面をすべて書きましょう。　辺（EH）（AD）（BC）（FG）

【思考・判断・表現】

④ 立方体の展開図として正しいものを3つ選んで，□に記号を書きましょう。(5×3)
（①）（⑰）（⑦）

⑤ 下の，直方体の展開図を組み立てます。
① 次の点と重なる点をすべて書きましょう。(3×3)
点⑦（コ）　点⑦（ケ）
② 次の辺と垂直になる辺をすべて書きましょう。(3×2)
辺アイ（ケク）　辺ケコ
③ 面あと平行になる面を書きましょう。(5)
面（⑦）
④ 面あと垂直になる面をすべて書きましょう。(5)
面（⑰）（⑦）（お）（か）
⑤ 組み立てたとき，辺カキと平行になる辺に○をしましょう。(5)
辺スセ（　）辺カ（　）辺アイ（○）辺ウカ

⑥ 続きをかいて，見取図を完成させましょう。(4)

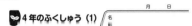

P.96

4年のふくしゅう (1)　名前　月　日

① 数字で書きましょう。

① 四千二百七十九億五千百三十万
4279513000000

② 六十兆三千四百八十二億七千万
60348270000000

③ 七百九兆二千六百六十五千万
7092160500000000

④ 千百兆六十三億
1100016300000000

② 下の数について答えましょう。
7051480000000000

① 数の読みを漢字でかきましょう。
（七兆五百十四億八千万）

② いちばん左の 7 は，何の位の数字ですか。（一兆の位）

③ 4 は，何が 4 こあることを表していますか。（1億）

4年のふくしゅう (2)　名前　月　日

① 次の計算を筆算して，積を求めましょう。

① 764 × 385　② 509 × 236　③ 867 × 704

294140　　120124　　610368

② 次の数を四捨五入して，（　）の中の位までのがいにしましょう。

① 5640 （千の位）　　6000

② 78903 （千の位）　　79000

③ 82764 （一万の位）　80000

④ 154862 （一万の位）　150000

⑤ 2781249 （十万の位）　2800000

⑥ 5642765 （十万の位）　5600000

P.97

4年のふくしゅう (3)　名前　月　日

● わり算をしましょう。商は整数で求め，わりきれないときはあまりも出しましょう。

① 72 ÷ 6　② 93 ÷ 7　③ 862 ÷ 3　④ 824 ÷ 4
12　　13　　287　　206
　　　　　　あまり2　あまり1

⑤ 98 ÷ 24　⑥ 98 ÷ 14　⑦ 176 ÷ 24　⑧ 438 ÷ 73
4　　7　　7　　6
あまり2　　　あまり8

⑨ 724 ÷ 21　⑩ 837 ÷ 31　⑪ 1884 ÷ 314　⑫ 15484 ÷ 172
34　　27　　6　　90
あまり10　　　　　　あまり4

4年のふくしゅう (4)　名前　月　日

① 正しいじゅんじょで計算をしましょう。

① (80 + 20) ÷ 5 = 20

② 80 + 20 ÷ 5 = 84

③ 24 ÷ 6 + 2 × 3 = 10

④ 24 ÷ (6 + 2) × 3 = 9

⑤ 24 ÷ (6 + 2 × 3) = 2

⑥ (24 ÷ 6 + 2) × 3 = 18

② くふうして計算します。□にあてはまる数を書きましょう。

① 7 × 106 = 7 × 100 + 7 × 6
= 742

② 4 × 67 × 25 = 67 × 100
= 6700

P.98

4年のふくしゅう (5)　名前　月　日

① 下の数直線の⑦〜⑨が表す小数を書きましょう。

0.8　　0.9　　1　　1.1

⑦ (0.81)　④ (0.95)　⑨ (0.98)
④ (1.03)　④ (1.12)

② 計算をしましょう。

① 4.86 + 3.07　② 9.8 + 0.27　③ 17.56 + 4.545
7.93　　10.07　　22.105

④ 0.268 + 0.742　⑤ 1.92 - 0.82　⑥ 7.3 - 1.93
1.010　　1.10　　5.37

⑦ 10 - 6.03　⑧ 7 - 6.38
3.97　　0.62

4年のふくしゅう (6)　名前　月　日

● 次の計算を筆算でしましょう。

① 1.6 × 9　② 52.4 × 6　③ 2.5 × 8
14.4　　314.4　　20.0

④ 8.06 × 7　⑤ 9.52 × 56　⑥ 2.06 × 45
56.42　　533.12　　92.70

⑦ 7.2 ÷ 3　⑧ 62.4 ÷ 8　⑨ 60.2 ÷ 7
2.4　　7.8　　8.6

⑩ 13.6 ÷ 17　⑪ 17.5 ÷ 25　⑫ 89.6 ÷ 28
0.8　　0.7　　3.2

P.99

4年のふくしゅう (7)　名前　月　日

① 帯分数は仮分数に，仮分数は帯分数になおしましょう。

① $1\frac{2}{3}$ $\left(\frac{5}{3}\right)$　② $4\frac{2}{5}$ $\left(\frac{22}{5}\right)$　③ $3\frac{5}{6}$ $\left(\frac{23}{6}\right)$

④ $\frac{5}{2}$ $\left(2\frac{1}{2}\right)$　⑤ $\frac{16}{7}$ $\left(2\frac{2}{7}\right)$　⑥ $\frac{27}{8}$ $\left(3\frac{3}{8}\right)$

② 計算をしましょう。

① $\frac{4}{5} + \frac{3}{5}$ $\frac{7}{5}\left(1\frac{2}{5}\right)$　② $2\frac{2}{7} + 3$ $5\frac{5}{7}\left(\frac{40}{7}\right)$

③ $4\frac{2}{9} + 4$ $\frac{7}{9}\left(\frac{43}{9}\right)$　④ $\frac{7}{8} + 2$ $3\frac{2}{8}\left(\frac{26}{8}\right)$

⑤ $4\frac{3}{4} - 3$ $\frac{2}{4}\left(\frac{14}{4}\right)$　⑥ $5\frac{7}{8} - 5$ $\frac{2}{8}\left(\frac{42}{8}\right)$

⑦ $2\frac{1}{3} - 2$ $1\frac{2}{3}\left(\frac{5}{3}\right)$　⑧ $3\frac{1}{5} - 2$ $\frac{2}{5}\left(\frac{12}{5}\right)$

4年のふくしゅう (8)　名前　月　日

① 次の角度は何度ですか。

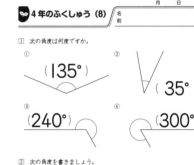

① (135°)　② (35°)

③ (240°)　④ (300°)

② 次の角度を書きましょう。（・を中心にして，矢印の方向にかきましょう。）

① 40°　② 145°

③ 200°　④ 290°

126

児童に実施させる前に，必ず指導される方が問題を解いてください。本書の解答は，あくまでも１つの例です。指導される方の作られた解答をもとに，本書の解答例を参考に児童の多様な考えに寄り添って○つけをお願いします。

解答

P.100

4年のふくしゅう (9)　名前　月　日

● 次のような四角形をかきましょう。
また，かいた四角形の名前も書きましょう。

① 2.5cm / 3cm / 60° / 4cm

（ **台形** ）　略

② 2.5cm / 3.5cm / 50° / 2.5cm / 3.5cm

平行四辺形　略

③ 2cm / 3cm / 3cm / 2cm

（ **ひし形** ）　略

100

4年のふくしゅう (10)　名前　月　日

● ①〜④の特ちょうがいつでもあてはまる四角形を，下から選んですべて書きましょう。

台形　平行四辺形

ひし形　長方形　正方形

① 2本の対角線の長さが等しい四角形

（ **長方形，正方形** ）

② 2本の対角線が垂直に交わる四角形

（ **ひし形，正方形** ）

③ 2本の対角線が，それぞれの真ん中の点で交わる四角形

平行四辺形，ひし形，長方形，正方形

④ 対角線が交わった点から，4つの頂点までの長さが等しい四角形

（ **長方形，正方形** ）

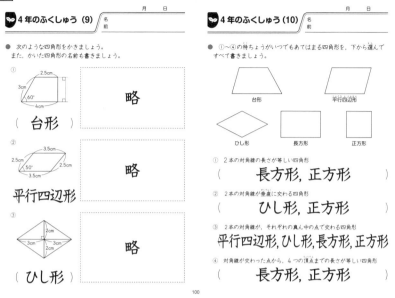

P.101

4年のふくしゅう (11)　名前　月　日

① 右の直方体を見て答えましょう。

① 頂点Aか頂点Bを通って，辺ABに垂直な辺をすべて書きましょう。

（ **辺AE，辺AD，辺BC，辺BF** ）

② 面あに垂直な辺をすべて書きましょう。

（ **辺AE，辺BF，辺CG，辺DH** ）

③ 辺ABに平行な辺をすべて書きましょう。

（ **辺DC，辺EF，辺HG** ）

② 下の図の中で，立方体の展開図として正しいのはどれですか。□に記号を書きましょう。

ア　イ　ウ
エ　オ　カ

ア　ウ　オ　カ

101

4年のふくしゅう (12)　名前　月　日

① 次の面積を求めましょう。

① たて12cm，横9cmの長方形
式　**12×9＝108**　答え　**108cm²**

② 1辺が15cmの正方形
式　**15×15＝225**　答え　**225cm²**

③ たて80cm，横2mの長方形
式　**2m＝200cm　80×200＝16000**
答え　**16000cm²　(1.6m²)**

② 右の形の，色のついた部分の面積を求めましょう。
式　**(例)**
8×12＝96
96−4×4＝80
答え　**80cm²**

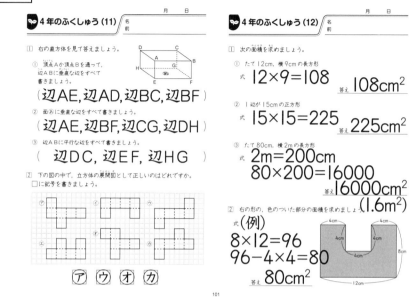

P.102

4年のふくしゅう (13)　名前　月　日

● たての長さを3cmと決めて，横の長さを変えて長方形をつくります。

1cm / 2cm / 3cm / 4cm / 3cm

① 長方形の横の長さと面積の関係を，表に表しましょう。

横の長さ(cm)	1	2	3	4	5	6
面積(cm²)	**3**	**6**	**9**	**12**	**15**	**18**

② 横の長さを□cm，面積を○cm²として，□と○の関係を式に表しましょう。

○＝（ **3×□** ）

③ 横の長さが18cmのとき，面積は何cm²ですか。

3×18＝54　（ **54cm²** ）

④ 面積が81cm²のときの横の長さは何cmですか。

81÷3＝27　（ **27cm** ）

102

4年のふくしゅう (14)　名前　月　日

● 右の折れ線グラフを見て答えましょう。

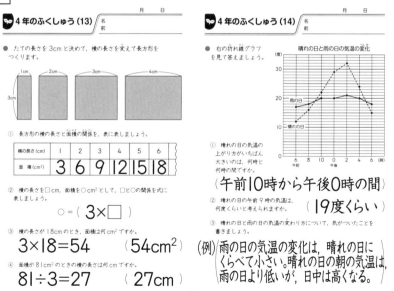

晴れの日と雨の日の気温の変化

① 晴れの日の気温の上がり方がいちばん大きいのは，何時と何時の間ですか。

（ **午前10時から午後0時の間** ）

② 晴れの日の午前9時の気温は，何度くらいと考えられますか。

（ **19度くらい** ）

③ 晴れの日と雨の日の気温の変わり方について，気がついたことを書きましょう。

(例)雨の日の気温の変化は，晴れの日にくらべて小さい。晴れの日の朝の気温は，雨の日より低いが，日中は高くなる。

127

教科書にそって 学べる

算数教科書プリント　4年 ②
東京書籍版

2023 年 3 月 1 日　　第 1 刷発行

イ ラ ス ト：　山口 亜耶 他
表紙イラスト：　鹿川 美佳
表紙デザイン：　エガオデザイン
執 筆 協 力 者：　新川 雄也
企 画・編 著：　原田 善造・あおい えむ・今井 はじめ・さくら りこ・中 あみ
　　　　　　　　中 えみ・中田 こういち・なむら じゅん・はせ みう
　　　　　　　　ほしの ひかり・堀越 じゅん・みやま りょう（他 4 名）
編 集 担 当：　川瀬 佳世

発　行　者：　岸本 なおこ
発　行　所：　喜楽研（わかる喜び学ぶ楽しさを創造する教育研究所：略称）
　　　　　　　〒604-0827　京都府京都市中京区高倉通二条下ル瓦町 543-1
　　　　　　　TEL　075-213-7701　FAX　075-213-7706
　　　　　　　HP　https://www.kirakuken.co.jp
印　　　刷：　創栄図書印刷株式会社

ISBN:978-4-86277-380-7

Printed in Japan

喜楽研 WEB サイト
書籍の最新情報（正誤表含む）は
喜楽研 WEB サイトをご覧下さい。

学校現場では，本書ワークシートをコピー・印刷して児童に配布できます。
学習する児童の実態にあわせて，拡大してお使い下さい。